欧盟社会养老保险开放性协调机制研究

Research on the Open Method of Coordination of Social Old-age Pensions in the European Union

王美桃 著

经济管理出版社
ECONOMY & MANAGEMENT PUBLISHING HOUSE

图书在版编目（CIP）数据

欧盟社会养老保险开放性协调机制研究 / 王美桃著. —北京：经济管理出版社，2017.1
ISBN 978-7-5096-4669-4

Ⅰ. ①欧… Ⅱ. ①王… Ⅲ. ①欧洲国家联盟—养老保险制度—研究 Ⅳ. ①F845.067

中国版本图书馆 CIP 数据核字（2016）第 241851 号

组稿编辑：宋　娜
责任编辑：张巧梅　侯亚楠
责任印制：黄章平
责任校对：赵天宇

出版发行：经济管理出版社
（北京市海淀区北蜂窝 8 号中雅大厦 A 座 11 层　100038）
网　　址：www. E-mp. com. cn
电　　话：(010) 51915602
印　　刷：三河市延风印装有限公司
经　　销：新华书店
开　　本：720mm × 1000mm/16
印　　张：12.5
字　　数：212 千字
版　　次：2017 年 1 月第 1 版　　2017 年 1 月第 1 次印刷
书　　号：ISBN 978-7-5096-4669-4
定　　价：88.00 元

第五批《中国社会科学博士后文库》编委会及编辑部成员名单

本书获中国博士后科学基金会第 56 批面上资助项目（项目编号：2014M561151）的资助。

序　言

博士后制度在我国落地生根已逾30年，已经成为国家人才体系建设中的重要一环。30多年来，博士后制度对推动我国人事人才体制机制改革、促进科技创新和经济社会发展发挥了重要的作用，也培养了一批国家急需的高层次创新型人才。

自1986年1月开始招收第一名博士后研究人员起，截至目前，国家已累计招收14万余名博士后研究人员，已经出站的博士后大多成为各领域的科研骨干和学术带头人。其中，已有50余位博士后当选两院院士；众多博士后入选各类人才计划，其中，国家百千万人才工程年入选率达34.36%，国家杰出青年科学基金入选率平均达21.04%，教育部"长江学者"入选率平均达10%左右。

2015年底，国务院办公厅出台《关于改革完善博士后制度的意见》，要求各地各部门各设站单位按照党中央、国务院决策部署，牢固树立并切实贯彻创新、协调、绿色、开放、共享的发展理念，深入实施创新驱动发展战略和人才优先发展战略，完善体制机制，健全服务体系，推动博士后事业科学发展。这为我国博士后事业的进一步发展指明了方向，也为哲学社会科学领域博士后工作提出了新的研究方向。

习近平总书记在2016年5月17日全国哲学社会科学工作座谈会上发表重要讲话指出：一个国家的发展水平，既取决于自然科学发展水平，也取决于哲学社会科学发展水平。一个没有发达的自然科学的国家不可能走在世界前列，一个没有繁荣的哲学社会科学的国家也不可能走在世界前列。坚持和发展中国特色社会主义，需要不断在实践和理论上进行探索、用发展着的理论指导发展着的实践。在这个过程中，哲学社会科学具有不可替代的重要地位，哲学社会科学工作者具有不可替代的重要作用。这是党和国家领导人对包括哲学社会科学博士后在内的所有哲学社会科学领域的研究者、工作者提出的殷切希望！

中国社会科学院是中央直属的国家哲学社会科学研究机构，在哲学社会科学博士后工作领域处于领军地位。为充分调动哲学社会科学博士后研究人员科研创新的积极性，展示哲学社会科学领域博士后的优秀成果，提高我国哲学社会科学发展的整体水平，中国社会科学院和全国博士后管理委员会于2012年联合推出了《中国社会科学博士后文库》（以下简称《文库》），每年在全国范围内择优出版博士后成果。经过多年的发展，《文库》已经成为集中、系统、全面反映我国哲学社会科学博士后优秀成果的高端学术平台，学术影响力和社会影响力逐年提高。

下一步，做好哲学社会科学博士后工作，做好《文库》工作，要认真学习领会习近平总书记系列重要讲话精神，自觉肩负起新的时代使命，锐意创新、发奋进取。为此，需做到：

第一，始终坚持马克思主义的指导地位。哲学社会科学研究离不开正确的世界观、方法论的指导。习近平总书记深刻指出：坚持以马克思主义为指导，是当代中国哲学社会科学区别于其他哲学社会科学的根本标志，必须旗帜鲜明加以坚持。马克思主义揭示了事物的本质、内在联系及发展规律，是“伟大的认识工具”，是人们观察世界、分析问题的有力思想武器。马克思主义尽管诞生在一个半多世纪之前，但在当今时代，马克思主义与新的时代实践结合起来，愈来愈显示出更加强大的生命力。哲学社会科学博士后研究人员应该更加自觉地坚持马克思主义在科研工作中的指导地位，继续推进马克思主义中国化、时代化、大众化，继续发展21世纪马克思主义、当代中国马克思主义。要继续把《文库》建设成为马克思主义中国化最新理论成果宣传、展示、交流的平台，为中国特色社会主义建设提供强有力的理论支撑。

第二，逐步树立智库意识和品牌意识。哲学社会科学肩负着回答时代命题、规划未来道路的使命。当前中央对哲学社会科学愈发重视，尤其是提出要发挥哲学社会科学在治国理政、提高改革决策水平、推进国家治理体系和治理能力现代化中的作用。从2015年开始，中央已启动了国家高端智库的建设，这对哲学社会科学博士后工作提出了更高的针对性要求，也为哲学社会科学博士后研究提供了更为广阔的应用空间。《文库》依托中国社会科学院，面向全国哲学社会科学领域博士后科研流动站、工作站的博士后征集优秀成果，入选出版的著作也代表了哲学社会科学博士后最高的学术研究水平。因此，要善于把中国社会科学院服务党和国家决策的大智库功能与《文库》的小智库功能结合起来，进而以智库意识推动品牌意识建设，最终树立《文库》的智库意识和品牌意识。

第三，积极推动中国特色哲学社会科学学术体系和话语体系建设。改革开放30多年来，我国在经济建设、政治建设、文化建设、社会建设、生态文明建设和党的建设各个领域都取得了举世瞩目的成就，比历史上任何时期都更接近中华民族伟大复兴的目标。但正如习近平总书记所指出的那样：在解读中国实践、构建中国理论上，我们应该最有发言权，但实际上我国哲学社会科学在国际上的声音还比较小，还处于有理说不出、说了传不开的境地。这里问题的实质，就是中国特色、中国特质的哲学社会科学学术体系和话语体系的缺失和建设问题。具有中国特色、中国特质的学术体系和话语体系必然是由具有中国特色、中国特质的概念、范畴和学科等组成。这一切不是凭空想象得来的，而是在中国化的马克思主义指导下，在参考我们民族特质、历史智慧的基础上再创造出来的。在这一过程中，积极吸纳儒、释、道、墨、名、法、农、杂、兵等各家学说的精髓，无疑是保持中国特色、中国特质的重要保证。换言之，不能站在历史、文化虚无主义立场搞研究。要通过《文库》积极引导哲学社会科学博士后研究人员：一方面，要积极吸收古今中外各种学术资源，坚持古为今用、洋为中用。另一方面，要以中国自己的实践为研究定位，围绕中国自己的问题，坚持问题导向，努力探索具备中国特色、中国特质的概念、范畴与理论体系，在体现继承性和民族性，体现原创性和时代性，体现系统性和专业性方面，不断加强和深化中国特色学术体系和话语体系建设。

新形势下，我国哲学社会科学地位更加重要、任务更加繁重。衷心希望广大哲学社会科学博士后工作者和博士后们，以《文库》系列著作的出版为契机，以习近平总书记在全国哲学社会科学座谈会上的讲话为根本遵循，将自身的研究工作与时代的需求结合起来，将自身的研究工作与国家和人民的召唤结合起来，以深厚的学识修养赢得尊重，以高尚的人格魅力引领风气，在为祖国、为人民立德立功立言中，在实现中华民族伟大复兴中国梦征程中，成就自我、实现价值。

是为序。

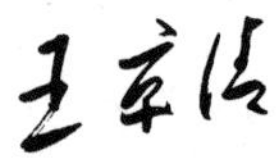

中国社会科学院副院长

中国社会科学院博士后管理委员会主任

2016年12月1日

摘 要

随着经济全球化和区域化的快速推进，劳动力跨国转移就业对国家和地区经济发展的溢出效应日益显现，流动劳动力社会保障的覆盖性以及福利待遇的便携性事宜已成为一个世界性的社会问题。欧盟作为一个集政治和经济实体于一身的区域一体化组织，继实现了经济融合之后，社会政策的融合成为欧盟面临的现实问题。尤其是在欧盟东扩之后，成员国数量急剧增加，各成员国劳动力福利政策的差异，带来了社会保障和福利待遇的转移和接续问题。自欧洲区域一体化启动以来，欧盟就一直在努力消除各国劳动力的流动障碍，尤其是在获取社会保障方面的障碍。

然而，欧洲社会一体化始终落后于经济一体化，求其原因：一方面，欧盟各成员国的社会保障制度体系千差万别；另一方面，大多数成员国将社会政策视为本国主权不可或缺的因素。鉴于此，欧盟不仅要实现成员国之间劳动者无障碍的自由流动，还要确保欧盟的超国家措施能被成员国接受，最终实现两者之间的均衡。

在经济一体化背景下，欧盟内部流动劳动力的社会保障和福利政策实行“多元”加“协调”的多边合作模式，该模式既维持了成员国层面社会保障制度的稳定，又为跨国流动劳动力建立了有效的社会保护机制。在协同不同社会保障体系的过程中，欧盟的养老保险制度体系经历了区域性协商、协同和逐渐趋同的发展历程。

目前，随着我国经济结构的转型升级，跨省转移就业人口不断增加，与流动劳动力就业环境密切相关的社会保险关系跨省转移接续问题也逐渐引起了社会各界的广泛关注。2009 年，人力资源和社会保障部联合其他部委先后出台了一系列政策文件，从法制层面开始着手解决这一问题。然而，我国现行社会保险制度统筹层次低，加上地方社会保险经办服务能力有限，要想彻底实现流动劳动者跨地区无障碍、无差别地享有与当地居民同等的社会保险待遇，还有很多问题亟待研究和解决。为此，本书以欧盟社会养老保险开放性协调机制为研究主题，分六章深入探讨欧盟成员国社会养老保险制度的趋同过程和养老金转移接续流程等问题。首先，本书以欧盟社会保障机制的立法协调为时间轴，将欧盟社会保障协同合作机制的发展历程划分为三个阶段，即“促进劳动力流动的法令”阶段、“社会保障关系对接阶段”和“开放性协调机制”阶段。其次，本书论述了“开放性协调机制”在欧盟成员国社会养老保险领域的应用问题，并以案例形式分析了不同情况下跨多国转移就业者养老保险待遇的申请资格、核算原则和支付程序等具体操作办法。再次，本书按照各国劳动力市场放开的先后顺序，将欧盟成员国分为四组，进而根据成员国养老保险变革频次和数据的可获得性，从每组中选取 2~3 个样本成员国，进一步比较分析了这些国家在开放性协调治理模式下养老保险制度的协同性变革，以及流动劳动力养老金领取资格和养老待遇转接程序等问题。之后，本书利用数量统计方法，分析了欧盟、德国、英国劳动力跨国流动情况、养老保险参与及养老金收支情况。最后，本书梳理总结了欧盟社会养老保险开放性协调机制和欧盟养老保险关系跨国便携性的成功经验和启示，以此映射中国养老保险关系跨省转移难的问题所在，进而对我国建立社会保险关系跨地区转移接续机制具有一定的启示作用。

关键词：欧洲联盟；养老保险关系；劳动者自由流动；转移接续；开放性协调机制

Abstract

With the rapid advance of economic globalization and regional integration, the transnational transfer of employment becomes increasingly spillover effects on regional economic development, how to handle the social security coverage, and the flow of labor benefits of portability issues has become a worldwide social problem.The European Union as a political and economic entity in a regional integration organization, after realized the economic integration, the fusion of social policy become the eu's face the reality of the problem. Especially after enlargement, the number of member states has increased dramatically, the member states of the labor welfare policy, social security and welfare benefits of the transfer and connection problems. Since the European regional integration starts, the European Union has been struggling to remove the labor mobility barriers, especially in the area of access to social security barrier.

European social integration, however, always lagged behind the economic integration, the reason: one is that the system of social security system of eu member states differ in thousands ways; on the other hand, many countries will be social policy as essential for their sovereignty. In view of this, the eu is not only to achieve the free movement of workers barrier-free between member states, supranational measures to ensure the eu can be accepted by member states, and realize the balance between the two.

Under the background of economic integration, the eu internal flow of the labor force of the social security and welfare policy "diversity" and "coordination" multilateral cooperation pattern, this pattern is to maintain the stability of the social security system, the member level is built with the transnational flow of labor force and effective social protection mechanisms. In the process of synergy of different social security system, the eu's endowment insurance system has experienced the regional consultation, coordination and the development process of gradual assimilation.

At present, with the transformation and upgrading of economic structure, cross-regional transfer employment population continues to increase, and the flow of labor force employment environment is closely related to the problem of transferring social insurance relationship across the province also gradually caused extensive concern of the society from all walks of life.In 2009, the ministry of human resources and social security in combination with other ministries have issued a series of policy document, set out to solve this problem from the legal level., however, our country's present social insurance system as a whole level is low, combined with local social security orgnaization of service ability is limited, in order to thoroughly implement flow of laborer trans-regional barrier-free, shall enjoy the same social insurance benefits local residents indifferently, there are still many problems need to be research and solve.

In this paper, the eu open coordination mechanism as the research subject of social endowment insurance, six chapters explore members of social endowment insurance system convergence process and the process of transferring pension, etc.. First of all, based on the eu social security coordination mechanism of legislation for the timeline, the development of the eu social security cooperation mechanism is divided into three stages, namely "to promote labor migration law" stage, "social security relations docking stage" and "open coordination mechanism" stage. Secondly, this paper discusses on the "open coordination mechanism" in the eu member states in the field of social endowment insurance application problems, and in the form of case analysis of the different situations across the multinational transfer application for qualification of employees endowment insurance treatment, accounting principles and payment procedures and other specific operation method, etc.. The Next, the article according to the national labour markets in the order of let go of the eu member states is divided into four groups, and then according to the member states of endowment insurance transformation frequency and data availability, members from each group choose two or three samples, and compare the analysis of the governance mode in open coordination collaborative reform of the old-age insurance system, and flow of labor pension qualification and pension benefits through program and other issues. By using the statistical method, quantity, this paper analyzes the European Union, Germany, the UK Labour mobility, balance of the participation of endowment insurance and pension. In the end, the article summarizes the openness of social endowment insurance of endowment insurance relation coordination mechanism and the European Union successful experience and enlightenment of the multinational portability, this mapping, the difficulty of China's endowment insurance concern is transferred across the province, and then to our country social insurance relationship trans-regional transfe-rring mechanism has certain enlightenment function.

Key Words: the Open Method of Coordination; the European Union; Pension Relationship; Free Movement of Workers; Shift Connection

目 录

Contents

第一章 导 论

第一节 问题的提出

一、研究背景

（一）劳动力全球化流动趋势不断显现

随着经济全球化和区域化的不断深化，生产要素和社会资源得以在更广阔的环境下自由流通和配置，区域性制度安排和区域经济一体化的实践不断涌现。在此背景下，同一国家的不同地区之间、跨境经济区内的不同区域之间，以及区域内部的不同成员国之间的经济社会联系将进一步加强。就劳动要素而言，全世界每年有数以亿计的劳动力为了寻求更好的工作和就业环境跨区域，乃至跨国流动（见图 1-1 和表 1-1）。据国际劳工组织（International Labour Organization，ILO）统计，全球每年约有十几亿的劳动者跨国或跨区域转移流动，其中 1/4 以上的流动劳动力是跨国流动，约占全球总人口数的 3.1%，而各国国内跨地区流动劳动力的合计数约占全球人口总数的 10%，且他们中的 40%居住在亚洲国家[①]。也就是说，农村人口向城市转移已逐渐成为许多国家的主流趋势，其中印度和中国尤为突出，2013 年仅中国的流动

① http：//www.issa.int/topics/megatrends/labour-markets.

人口数就达2.69亿人，且主要以农村剩余劳动力为主。①

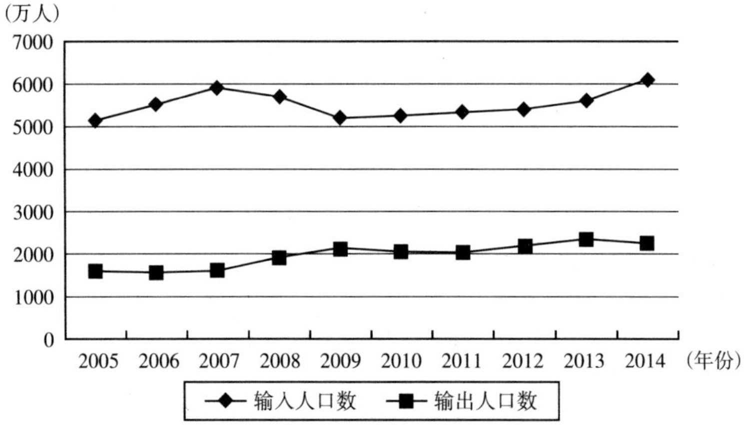

图1-1　2005~2014年OECD国家年度输入数和人口输出数变动趋势

资料来源：http://stats.oecd.org/。

未来，全球流动人口总规模将进一步扩大，而世界劳动力市场结构也将随之不断调整。从流动劳动人口的占比来看，当前全球流动劳动力的规模并不大，但是这一形势将很快被许多潜在的因素而改变，如国家间劳动力供给不足和劳动力供给过剩等因素。就人口结构因素而言，全球人口老龄化和高龄化进程将不断加快。根据联合国2015年人口预测结果，2020年全球范围内65岁及以上老年人口数预计达7.25亿人，85岁及以上高龄人口数预计达0.64亿人，分别占世界总人口的9.35%和0.83%，将比2015年分别上涨1.07%和0.10%。② 另外，随着流动劳动力全球范围内的配置加速，劳动参与率相对较低国家的已退休人口为寻找宜居的城市而跨国移动，同时高失业率国家的劳动力为寻求新的就业机会而跨国移动。这一现象将长期存在，且不断显现化。

① Social security facing increased mobility of the global workforce. http：//www.issa.int/-/social-security-facing-increased-mobility-of-the-global-workforce? redirect=http%3A%2F%2Fwww.issa.int%2Ftopics%2Fsocial -justice% 2Fintroduction% 3Fp_p_id% 3D101_INSTANCE_YT8VNtTKIbC2% 26p_p_lifecycle%3D0%26p_p_state%3Dnormal%26p_p_mode%3Dview%26p_p_col_id%3Dcolumn-4%26p_p_col_count%3D5.

② Demographic Yearbook 2015，Department of Economic and Social Affairs，United Nations，New York，May 2016；World Population Prospects：The 2015 Revision，Department of Economic and Social Affairs，United Nations，New York，May2016.

表 1-1 世界人口区域间流动预测值——按社会保险关系输入/输出国划分

单位：万人/%

输入国 输出国	东亚和太平洋	东欧和中亚	欧盟 27 国和其他欧洲国家	拉丁美洲和加勒比	中东和北非	北美	南亚	撒哈拉以南非洲	合计	占总流动人口比
东亚和太平洋	1045.12	26.17	239.75	21.08	123.28	796.06	48.39	21.44	2321.29	12
东欧和中亚	58.57	2745.37	843.77	9.86	190.70	161.87	57.26	84.27	4151.67	12.45
欧盟 27 国和其他欧洲国家	261.11	253.19	1310.66	125.38	111.85	701.28	38.72	85.90	2888.09	22.26
拉丁美洲和加勒比	59.93	31.79	263.53	374.61	47.35	1988.12	39.45	29.64	2834.50	15.48
中东和北非	37.33	30.86	532.28	9.06	719.61	139.54	24.49	59.03	1552.19	15.20
北美	42.63	6.60	80.68	75.43	16.78	125.04	5.40	5.99	358.55	8.32
南亚	100.15	25.46	206.05	4.89	866.07	207.54	1077.92	30.17	2518.26	1.92
撒哈拉以南非洲	26.56	20.57	286.95	4.29	86.01	97.78	25.42	1479.56	2027.13	13.50
合计	1631.40	3140.01	3763.66	624.60	2161.64	4217.23	1317.04	1795.99	18651.57	10.87
区域流入人口/总流动人口比	8.75	16.84	20.18	3.35	11.59	22.61	7.06	9.63	100	—
区域内人口流转/区域总流入比	64.06	87.43	34.82	59.98	33.29	2.96	81.84	82.38	—	—

注：区域划分依据世界银行术语表，参见 World Bank 2009。

资料来源：参照 Avato, J., Koettl, J. and Sabates-Wheeler, R. (2010) 一文制作。

（二）全球范围内社会保障供给不足

据国际劳工组织最新报告，全球范围内绝大多数人口依然无法获得最基本的社会保障权利。截至2014年，全球71亿总人口中仅有27%的人口享有全方位的社会保障，而其他73%或3/4的人口只部分享有或者完全不在社会保障覆盖的范围内，即约有52亿人口无法享有全面的社会保障。[①] 分险种来看，全球33亿劳动人口中的28%享有失业保险（包括缴费型和非缴费型），39.4%享有工伤保险，40%的职业妇女享有生育保险，52%的退休人口享有基本养老保险。在现行社会保障制度下，养老保险有效覆盖率更低，未来只有42%的适龄人口有望获得养老金。另外，全球约39%的人口缺乏基础医疗保险，而低收入国家医疗保险的覆盖率更低，仅有约10%的世界人口有机会获得最基本的医疗保障。受主客观因素的影响，流动劳动力（包括国际流动和国内流动）及其家属的社会保障覆盖率更低，据Robert Holzmann等学者调查数据显示，2005年全球流动劳动力养老保险的覆盖率仅有20%。未来，随着流动劳动大军的不断扩张，世界各国的社会保障制度以及经办管理系统将会受到较大冲击，社会保障供给不足现象将进一步恶化。[②]

（三）流动劳动力社会保险权益的便携性日益受到关注

从学理上来看，劳动力在产业间或区域间转移流动时，只有其应得的社会保障权益不遭受损失（或至少不降低）的情况下，劳动力才会有自由流动的积极性。然而，从经济第一性角度来看，劳动力职业转移决策的决定，一般不会因为既得社会福利待遇缺乏便携性而改变。从人权和公平的角度讲，流动劳动力有权获得输入国（或东道国）公民同等的社会保障权利。然而，人口的跨国迁徙问题，在国际上长期缺少统一的法律规范加以调整，导致经济全球化过程中存在规范商品、服务和资本跨国流动的国际法律制度蓬勃发展与劳动力跨国迁移国际法律规范缺失的并存现象。在缺乏政策支撑的大背景下，全球流动劳动力社会保险权益的便携性普遍较差。据Avato J.、Koettl

---

① International Labour Organization, World Social Protection Report 2014-2015. http: //www.ilo.org/global/research/global-reports/world-social-security-report/2014/lang—en/index.htm。本段落数据除特别标注外，均出自本书的不同章节。

② Social security facing increased mobility of the global workforce. http: //www.issa.int/-/social-security-facing-increased-mobility-of-the-global-workforce? redirect =http% 3A% 2F% 2Fwww.issa.int%2Fdetails% 3Fp_p_id% 3D101_INSTANCE_nhKRN9SsfQK0% 26p_p_lifecycle% 3D0% 26p_p_state%3Dnormal%26p_p_mode%3Dview%26p_p_col_id%3Dcolumn-2%26p_p_col_count%3D4.

J.和 Sabates-Wheeler R.测算，国际社会保险权益的平均输入输出率为12.50%，其中北美国家、欧盟成员国以及东欧和中亚国家的社会福利输入率相对较高，分别为22.61%、20.18%、16.84%；而东欧和中亚国家、欧盟成员国、拉丁美洲国家和南亚国家的社会福利输出率相对较高，分别为22.26%、15.48%、15.20%和13.50%。[①] 可见，国家间社会保险关系的便携性具有明显的不对称性，如北美社会保险关系的输出率仅有1.92%，输入输出比高达11.78∶1。此外，东欧和中亚国家、撒哈拉以南非洲、南亚、东亚和太平洋地区主要是区域内部流转（见表1-1）。因此，如何保证流动劳动者的社会保障权益，并实现相关福利待遇的跨国、跨区域转移接续问题是一个世界性的社会难题。

在国际组织层面，国际劳工组织于20世纪30年代起开始关注流动劳动力社会保险的便携性问题，目前已创建了两部国际公约，发起的数部公约和倡议书已成为国际社会保险关系协调机制的重要参考文件。[②] 在地区层面，欧盟成员国于20世纪50年代初开始着手社会保险关系的区域性协调问题，并通过立法协同形式，以充分保证欧盟公民社会保障权益在共同体区域内便携等问题，迄今60余年，主要立法也已经历了三轮大的调整和扩充。[③] 与此同时，国际劳工组织还大力呼吁各国充分利用协同性治理工具，以协商约定等方式解决双方流动劳动力的社会保障权益流转问题。在国际劳工组织的协助下，现已有187个国家（地区）签订了双边协定或多边协定，这些协定使流动劳动力社会保险关系的跨国、跨区域携带问题有法可依、有章可循。20世纪50年代后，一些从事劳动力就业问题的专家学者们开始重视流动劳动力社会保障权益的便携性相关研究问题，其中绝大多数学者从社

---

① Avato, J., J. Koettl and R. Sabates-Wheeler "Social Security Regimes, Global Estimates, and Good Practices: The Status of Social Protection for International Migrants", World Development, 2010, 38 (4): 455-466.

② 详见 ILO Conventions No. 19 on Equaity of Treatment (Accident Compensation), 1925; Convension No.48 On Maintenance of Migrant's Pensions Rights, 1935: No.102 (Article 68); No.118 and No. 157 and ILO Recommendation No.167.

③ 欧盟相关立法构成如下：Council Regulation (EEC) No. 1408/71 of 14 June 1971 and Council Regulation (EEC) No. 574/72 of 21 March 1972, and the new regulations (which enter into force on 1 May 2010): Regulation (EC) No. 883/2004 of the European Parliament and the Council of 29 April 2004 and Regulation (EC) No. 987/2009 of the European Parliament and the Council of 16 September 2009.

会保障立法及人权角度出发，同时也有部分学者在相关研究中加入了经济效应等分析因子，并试图通过实证分析的框架加以验证，如 Holzmann、Koettl 和 Chernetsky①、Avato J.、Koettl J.和 Sabates-Wheeler R.②，Robert Holzmann、Johannes Koettl③ 等。

二、选题意义

（一）中国养老保险制度进入深度整合期

目前，中国已基本形成以基础养老保险为主体，以企业补充养老保险和个人商业养老保险为辅的三支柱养老保险体系。其中，基本养老保险内部又形成了机关事业单位养老保险制度、城镇职工基本养老保险制度和城乡居民基本养老保险制度等多制度并存的格局。随着时代进步和社会发展，我国基本养老保险制度存在的碎片化、多轨制、难流转等问题日益凸显。2008 年国际金融危机爆发后，我国驶入了经济结构转型升级的快车道，其中基本养老保险制度体系的改革也相应进入了深度整合期。2015 年 1 月 24 日，国务院印发了《关于机关事业单位工作人员养老保险制度改革的决定》（国发［2015］2 号），该决定明确规定机关事业单位要建立与企业相同的基本养老保险制度，实行单位和个人共同缴费，并改变原有的养老金计发办法等。这意味着，我国养老金“双轨制”改革正式破冰，未来几年养老保险制度的深度整合将进入关键期。

（二）中国流动人口养老社会保险关系的便携性问题亟待解决

改革开放以来，中国流动人口数量呈现爆炸式的增长趋势。1982 年，中国流动人口数量约为 657 万人，到 2014 年底全国人户分离的人口数就已经上升到 2.53 亿人，比 1982 年增长了 38.37 倍，其中农村剩余劳动力流动

① Robert Holzmann, Johannes Koettl, and Taras Chernetsky, Portability Regimes of Pension and Health Care Benefits for International Migrants: An Analysis of Issues and Good Practices, BP Discussion paper No.0519, The World Bank, 2005.

② Avato, J., J. Koettl and R. Sabates-Wheeler, "Social Security Regimes", Global Estimates, and Alfonso Arpaia, Aron Kiss, Balazs Palvolgyi, Alessandro Turrini: Labour Mobility and Labour Market Adjustment in the EU, Dec. 2014, http: //ec.europa.eu/economy_finance/publications/.

③ Robert Holzmann, Johannes Koettl, "Portability of Pension, Health, and other Social Benefits: Facts, Concepts, Issues", Discussion Paper No. 5715, 2011.

人口数约为 2.2 亿人，约占总人口数的 1/6。[①] 当前，流动人口和农民工参与职工养老保险积极性低，制度覆盖面仅为 60%左右。实践中，流动人口参与社会保险的积极性并不高，参保率相对更低。孙鹃娟、杜鹏和唐健实地调查结果显示，2010 年北京、东莞、诸暨的流动人口参保率分别为 9.5%、13.2%和 7.1%。[②] 武正华、陈岱云的调查数据显示，山东济南被访者的参保率为 33.5%。[③] 究其原因是多方面的，其中我国基本养老保险制度统筹层次低，参保缴费及待遇水平与户籍、地域相捆绑，参保人社会保险关系便携性差是主因之一。另外，流动劳动者工作变动频繁，劳动者个人或雇主主动回避参保，有效参保记录不足，异地转移过程中信息对接难度大，也是重要原因之一。随着劳动力经济结构转型和城镇化改革的深化，劳动者流动范围也在不断扩大，如何使这部分人得到应有的社会保障，并实现社会保险关系的异地转移接续，是一个重大的现实问题。

（三）国内针对欧盟社会养老保险开放性协调机制的研究相对较少

整体而言，欧盟是一个集政治和经济于一身的区域一体化组织，拥有多个成员国，在应对共同体内转移就业劳动力的社会保障政策协调方面积累了成功的经验。从立法角度来看，欧盟在 60 年前就制定了针对成员国之间社会保障协同问题的专门法令，并经过多次调整和扩充，最终形成了《欧共体 1408/71 号条例》（Regulations EEC No. 1408/71）和《欧共体 574/72 号条例》（Regulations EEC No. 574/72）。从协调人员范围来看，欧盟社会保障协同合作机制最早从“劳动者”（或称“经济活跃人口”）开始，随着区域一体化的不断深入，其涵盖的人员范围也日益扩大到所有欧盟公民，甚至是符合一定条件的第三国国民。从对成员国基本权利的尊重来看，欧盟在流动劳动力社会保障权益的转接问题上采取了“协调原则”（Coordination）而非“一致原则”（Harmonization），因而并未剥夺成员国构建本国社会保障体系的权利。[④] 尽管欧盟成员国之间社会保障关系的协调机制仍然存在这样或那样的缺陷，

① 国家卫生和计划委员会：《中国流动人口发展报告 2015》，北京：中国人口出版社，2015 年，http://ex.cssn.cn/dybg/gqdy_gdxw/201511/t20151112_2577302.shtml。

② 孙鹃娟、杜鹏、唐健：《中国流动人口的养老保险状况及主要问题》，《北京行政学研学报》，2011 年第 5 期。

③ 武正华、陈岱云：《流动人口社会保险状况调查与对策思考——以山东济南市为例》，《探索》，2013 年第 1 期。

④ Case C-70/95，Sodemare，ECR［1997］I-3395.

但是相比之下，欧盟的社会保障关系协调机制是主权国家间的双边协定或多边协定等无法比拟的，是成功的典范[①]。因此，探究欧盟 60 多年的实践经验可以为我们提供一定的启示。综观国内已有文献，其中针对欧盟社会养老保险"开放性协调机制"的研究文献相对稀少（详见下文）。为此，本书以欧盟社会养老保险开放性协调机制为研究主题，力求较详尽地阐述开放性协调机制在欧盟成员国社会养老保险领域的引进、应用和未来发展等相关问题。

第二节　文献回顾及研究综述

随着全球移民和劳动力区域间流动的加速，国内外的专家学者们纷纷从不同视角，对劳动力跨区域转移就业及其相关社会保障关系等诸多问题展开研究。尤其是，在欧洲经济一体化过程中，欧盟突破了国家间社会保障制度多样化和经济发展水平差异化等政治、经济和社会因素的限制，通过采用"开放性协调机制"，实现了"欧盟公民"区域间的自由流动。欧盟社会保障"开放性协调机制"的引入和成功运行，为区域间社会保障关系的便携性提供了成功的案例。同时，全球劳动力市场的低参与率和高失业率并存格局已形成，劳动力在国家间、区域间调配的趋势凸显。就中国而言，随着人口老龄化和农村流动人口增长的加速，国内学者也开始关注我国流动人口社会保障关系的跨省转移接续问题。本书将以欧盟社会保障协调机制的引入、应用和有效性的研究角度为依据对目前相关研究成果进行梳理和总结。

① Barbara J. Fick and Alma Clara Flechas, "Social Security for Migrant Workers: The EU, ILO and Treaty-based Regimes", Notre Dame Legal Studies Paper Series, No. 078-33, available at http: //www.javeriana.edu.co/Facultades/C_Juridicas/pub_rev/documents/2_fick_y_garcia_001.pdf.

一、国外关于欧盟社会保障关系协调机制问题的相关研究成果

（一）关于欧盟社会保障协调机制立法及推广应用的研究

自 1958 年起，欧盟、国际劳工组织等国际机构的内部专家便着手研究社会保障的协调问题，内容包括立法基础、推广应用及其未来发展趋势。首先，以 Jason Nickless 和 Helmut Siedl 为代表的学者出版了《欧盟社会保障协调原则指导书》，书中梳理总结了“协调机制”的理论基础、实践应用以及与其他双边协议、欧盟宪章等法律冲突的处理。[①] 而 Shaw、Josephine 和 Gillian More 等[②]、Jan Cremers 等[③] 学者则比较分析了欧盟不同时期社会保险对接条款的政策背景、基本原则和适用范围，并进一步研究了这些条款的变革和改进之处。Yves Jorens 等[④]、Carlos Garcia De Cortazar 等[⑤] 学者先后研究了“协调机制”在失业保险和长期照护等具体险种中的应用问题。德国学者 Ockert Duppe 研究了欧盟社会保障协调原则的国际推广，并探讨了该机制在南非联盟共同体应用的可能性。[⑥] 2013 年，Yves Jorens 等学者在已有研究的基础上，从宏观经济及人口学视角出发，预测未来欧盟社会保障协调机制的发展形势，并指出到 2020 年时成员国人口规模、福利制度、悬而未决的问题（如融资方式、劳动法）、地区发展史、家庭状况和科技发展水平等因素对该制度运行的影响情况。[⑦]

---

① Jason Nickless and Helmut Siedl：Co-ordination of Social Security in the Council of Europe：Short Guide，Council of Europe，January，2004.

② Shaw，Josephine，and Gillian More，eds：New Legal Dynamics of European Union，Oxford University Press，1995.

③ Jan Cremers：Coordination of National Social Security in the EU，University of Amsterdam Working Paper 10-89，March，2010.

④ Yves Jorens（ed.）：Coordination of Long-term Care Benefits - current situation and future prospects，TrESS Think Tank Report，2011.

⑤ Carlos Garcia De Cortazar（ed.），Essi Rentola（ed.），Maximilian Fuchs，Saskia Klosse：Coordination of Unemployment Benefits，TrESS Think Tank Report，2012.

⑥ Ockert Duppe：Coordination of Social Security Scheme—The Case of SADC，KFG Working Paper No. 60，May 2014.

⑦ Yves Jorens（ed.），Bernhard Spiegel（ed.），Jean-Claude Fillon，Grega Strban：“Key challenges for the social security coordination Regulations in the perspective of 2020”，TrESS，Think Tank Report 2013.

20世纪80年代后，一些学者利用计量经济学的方法，研究“协调原则”的有效性问题。他们多以影响人均社会保障支出的因素入手，分析欧盟成员国社会保障难以协调的因果关系，如 Theo Hitiris、John Posnett 等[①]。

（二）开放性协调机制下社会养老保险关系的便携性研究

随着欧盟不断地东扩南拓，欧盟区域内部人员流动相关问题也引起了各界的关注。一些学者开始关注欧盟渐进趋同的社会政策，以及其对各成员国劳动力市场的影响，尤其是中东欧国家加入后，大量劳动力涌入到欧盟15国。1989年，Paul Teague 在研究欧盟劳动力市场的趋同问题时，深入探讨了欧盟区域内社会保障趋同的可行性和有效性等。[②] 国际社保协会于2013年出版了《劳动力市场趋势与社会保障》，该书详细论述了流动劳动力市场变动的趋势，社会保障协调机制受到的冲击和改进措施等。[③]

关于流动劳动力社会保险关系便携性的研究，以 Robert Holzmann 和 Johannes Koettl 等学者为代表，他们通过一系列研究报告，阐明了流动劳动力社会保障便携性的相关问题，并通过跟踪调查的形式验证影响保险关系转移接续的主导因素等。2005年，Robert Holzmann、Johannes Koettl 和 Chernetscky 通过对欧盟主要人口流出国和流入国的考察，将流动劳动力的社会保障状况分为四类：可携带、可输出、社保排斥和非常情况，其中20%的流动劳动力在输入国可以获得充分的养老保险；他们还提出社会保障的多边协调机制是保证流动劳动力应得社会保险权益便携性的最好手段。[④] 2008年，Bill Birmingham 总结了欧盟共同体内流动劳动力社保关系的转移接续及待遇支付的整体制度框架。[⑤] 2011年，Holzmann 和 Koettl 梳理总结了流动劳动力养老

① Theo Hitiris，John Posnett：The Determinants and Effects of Health Expenditure in Developed Countires，Journal of Health Economics，1992，11（2）：173-181.

② Paul Teague：European Community Labour Market Harmonization. Journal of Public Policy，1989，9（1）：1-33.

③ Lobour Market Megatrends and Social Security，International Social Security Association，Geneva，2013.

④ Robert Holzmann，Johannes Koettl and Chernetscky：Portability Regimes of Pension and Health Care Benefits for International Migrants：An Analysis of Issues and Good Practices，The World Bank Publishing Book，2005.

⑤［英］Bill Birmingham，张燕妮（译）：《欧盟：流动劳动力的社保待遇支付》，《中国社会保障》，2008年第2期。

保险、医疗保险和其他社会福利等制度便携性的现状和问题。[①] 2012 年，他们又利用全球流动劳动力的数据验证了上述结论，结果显示全球 23%的流动劳动力可以获得第一类保障，其中绝大多数人来自欧盟 27 国，进一步验证了欧盟“多元+协商”的社会保障协调机制对社保关系便携性的积极效应。

综上所述，国际上对欧盟社会保障协调机制的实践与理论研究起始时间较早，且非常重视一国社会政策，尤其是就业和社会保障政策对促进流动劳动力转移就业的影响。欧盟经过多次扩张后，劳动力在区域内跨国流动加速，为确保流动劳动力的社会保障权益不因流动而损失，为体现流动劳动力与东道国公民的权利平等。国际劳工组织等机构组织了一批学者就此问题展开研究，相关研究成果比较丰富。这些研究成果大多集中在不同阶段欧盟社会保障协调机制的立法和实际应用方面，并重点讨论了协调机制对提高养老保险关系便携性的可行性、操作办法和制度局限等方面。这些为本书的选题及写作奠定了坚实的理论基础，也提供了翔实的研究素材。

二、国内关于欧盟社会保障协调机制问题的相关研究

（一）关于欧盟社会保障协调机制的研究

目前，国内关于欧盟社会保障协调机制的研究相对较少，且仍处于起步阶段。从已有文献来看，国内学者更多地是对欧洲经济一体化进程中社会保障政策协调的经验梳理和总结。理论上，欧盟社会保障政策的一体化源于欧洲经济的一体化。[②] 在经济一体化初期，欧洲联盟的首要任务是建立区域共同经济，但是随着欧洲经济、政治一体化的不断深入，社会保障政策的重要性日益凸显[③]，则构建大一统社会保障体系的问题也逐渐被提上日程。[④] 在实践中，欧洲社会保障政策一体化的发展，历经了一个从弱到强，从零散到完整，从手段性到目的性的渐进扩展过程[⑤]，而社会保障政策的具体内容也相

① Robert Holzmann，Johannes Koettl：Portability of Pension，Health，and other Social Benefits：Facts，Concepts，Issues，Discussion Paper No. 5715，2011.

② 王立伟：《社会政策与欧洲一体化》，山东大学博士论文，2010 年 5 月。

③ 陶金：《欧洲：社会保障一体化背景下的养老保障改革》，《世界经济情况》，2010 年第 4 期。

④ 关信平、黄晓燕：《欧盟社会保障一体化：必要性与条件分析》，《欧洲》，1999 年第 4 期。

⑤ 关信平：《欧洲联盟社会政策的历史发展——兼析欧盟社会政策的目标、性质与原则》，《南开学报（哲学社会科学版）》，2000 年第 2 期。

应从“虚”到“实”不断延伸，至今已成为欧盟政策体系的一个重要组成内容[①]。进入20世纪70年代，经过数次石油危机的洗礼后，欧洲经济发展速度逐步放缓，其社会政策中的弊端也不断显现，“成员国共同关心”的社会政策范围越来越广，且不断有新的“社会政策需求”被提出，当涉及一些需要共同调整的政策问题时，欧盟各成员国就会采用协调的方法进行合作。[②]欧盟作为一个高度一体化的组织，理论上可通过协商的方式使各成员国之间的合作不断加强，并最终形成区域间共同的社会政策。[③]尽管欧盟尚未形成区域统一的社会保障政策，但其试图通过采用多种政策措施，如规定欧盟公民及其基本权利，成立欧洲社会基金，出台人员自由流动的政策、就业和劳工政策以及卫生医疗保健政策等，促进成员国之间社会保障制度的渐进式趋同。[④]事实上，欧盟社会保障的协调合作也是各成员国之间相互协商的结果。从起初个别成员国之间的协商，到多国联合颁布流动劳动力社会保障法令，最终形成了被称为“欧盟社会保障法令”的《欧共体1408/71号条例》和《欧共体574/72号条例》。

（二）关于劳动力自由流动与社会保障协调机制的研究

欧盟为建成“内部统一大市场”，促进共同体内劳动力的自由流动，于20世纪50年代末开始建立社会保障体系协调机制，到1971年协调成员国流动劳动力及其家庭成员的法定社会保障计划的政策框架基本确立。[⑤]在此框架下，欧盟先后于2000年、2003年和2007年连续推出了“里斯本战略”系列社会保障合作计划，并遵循“协调”而非“统一”的总体思路向流动劳动力提供社会福利。[⑥]但是，到90年代后，欧盟通过直接立法的“硬性”调节方式已无法解决劳动力转移的社会保障缺失问题。为此，欧盟决定建立欧盟公民资格制度，在非歧视性、累计计算、比例分担等基本原则的基础上，利用渐进式趋同的“软法”治理模式实现转移就业劳动力社会保障的

① 田德文：《论欧洲联盟的社会政策》，中国社会科学院研究生院，2001年。

② 田德文：《欧盟社会政策与欧洲一体化》，北京：社会科学文献出版社，2005年，第6~9页。

③ 胡荣华：《欧盟产品市场一体化相关政策协调及其障碍分析》，复旦大学欧洲研究中心，2007年。

④ 蒋中平：《欧洲一体化与欧盟社会保障制度的发展趋势》，《社会保障问题研究》，2003年1期。

⑤ Council Regulation（EEC）No.1408/71 of the Council of 14 June 1971 on the Application of Social Security Schemes to Employed Persons and Their Families Moving Within the Community.

⑥ 郭秀云：《劳动力转移就业与社会保障多边合作机制——借鉴欧盟政策设计及其启示》，《现代经济探讨》，2010年第3期。

广覆盖。[①] 总体而言，欧盟社会保障“多元+协调”的多边合作机制，为调剂成员国劳动力市场的余缺和确保流动劳动力社会保障权益的便携性提供了制度支撑。这种多边合作机制的设计理念之所以能够有效实施，是因为其兼容差异，维持了成员国社会保障制度的稳定性；实行参保期限积累、比例分担等原则使社保关系得以延续，保障了流动劳动力的权益；而渐进式的制度安排又给成员国和流动劳动力留出了一定的适应期。[②] 另外，在欧盟层面，各种有关欧盟公民自由流动的配套立法，既避免了成员国立法和共同体立法的冲突，又巧妙地突破了传统区域经济组织的立法实践，为其他国家解决内部人口流动问题提供了范例。[③]

除上述研究外，部分学者从欧盟社会保障协调机制的可行性入手，探讨这种制度的有效性问题。1999 年，关信平教授提出欧盟现有社保政策的灵活性和缺乏法律效力的局限性特征，为成员国从各自角度解释条款预留了较大空间，不利于推动共同体社会保障政策的最终统一。[④] 2008 年，郭欣云认为“协调机制”在养老保险领域的应用时，应以“同济评审”[⑤] 的方式加强成员国间的互相监督，尽管形成了一定程度的整合压力，但并不具备法律约束力。[⑥] 2012 年，李靖堃从历史角度出发，梳理了欧盟自由流动劳动力社会保障法律协调的发展进程、阶段特征及局限性，并简述了成员国养老保险与职业身份挂钩以及“特定非缴费型待遇”不可转移等问题。[⑦]

（三）有关“开放性协调机制”与区域养老保险一体化的研究

综合已有文献可知，国内学者关于“开放性协调机制”的研究，多是从梳理和总结“开放性协调机制”在养老保险领域的应用，以及在该机制下流

---

① 关信平、吴伟东：《共同体内劳动力转移就业的社会保障覆盖——欧盟的经验》，《人口与经济》，2008 年第 2 期。

② 郭秀云：《借鉴欧盟流动劳动力社保与福利体系设计的经验》，《中国人力资源开发》，2009 年第 10 期。

③ 刘世元：《欧盟关于人员自由流动的立法特点及其启示》，《国际经贸探索》，2006 年第 6 期。

④ 关信平、黄晓燕：《欧盟社会保障一体化：必要性与条件分析》，《欧洲》，1999 年第 4 期。

⑤ “同济审查”（Peer Review），又称“同济评审”，是欧盟成员国之间，按照“开放性协调机制”设定的统一的统计标准，就各自养老金、医疗等相关政策领域的执行情况，进行审查评估，从而确定被考察国家的政策制度的运行绩效。

⑥ 郭欣：《欧盟成员国社会保障协调问题研究——重点基于可行性和有效性的分析》，复旦大学学报，2008 年第 5 期。

⑦ 李靖堃：《从经济自由到社会公正——欧盟对自由流动劳动者社会保障的法律协调》，《欧洲研究》，2012 年第 1 期。

动劳动力养老金跨国转移的具体程序入手，为中国养老保险制度改革提供可借鉴的国际经验。

2000 年，“里斯本战略”将“开放性协调机制”（The Open Method of Coordination，OMC）正式引入社会政策领域。[①] 从 OMC 在养老保险制度中的运行机理来看，欧盟试图通过建立一个虚拟的“养老金政策学习小组”，以“同济审查”的方式，施加群体压力，促使成员国养老金政策向欧盟确定的总体目标靠拢，实现养老金政策实践程序的最终统一。[②] 与传统一致性原则不同，“开放性协调机制”克服了一致性原则无法有效运行的主要障碍，并在以下方面提供了新的尝试：在法律方面，确定了趋同的政策目标，但未设定标准和实际执行结果的差距；建立了养老金财务机制，允许成员国按照国情制定合理的养老金政策，提高了成员国的自主权；率先开启了养老金战略年度循环执行程序；提升了民间组织的参与性等。[③] 可见，“开放性协调机制”在养老保险领域的实践，促使各国朝着多支柱的养老保险体系发展，统一养老保险权益的对接和支付程序，为共同体养老保险制度的一体化奠定了坚实的基础。[④]

近年来，随着中国城镇化进程的推进，流动人口跨省转移就业人数增加，相应的社会保险关系转移接续问题也引起了国内学者的关注。韩标、张燕妮等[⑤]，简洁[⑥]，罗静、匡敏[⑦]，黄崇超[⑧] 等学者分角度研究了“开放性协调机制”下欧盟公民养老金跨国转移接续的操作程序，并以此为依据为中国的实际问题献计献策。

从国内关于欧盟社会保障制度协调机制以及在养老保险关系转移方面的

---

① European Council Lisbon European Council “Presidency Conclusions”, 23-24, March, 2000. http: //www.europarl.europa.eu/summits/lis1_en.htm.

② 郭喜、白维军：《开放性协调：欧盟养老保险一体化及启示》，《中国行政管理》，2013 年第 4 期。

③ 郭欣：《欧盟成员国社会保障协调问题研究——重点基于可行性和有效性的分析》，复旦大学学报，2008 年第 5 期。

④ 王晓东：《从“社会保障对接条例”到“开放性协调治理”——欧盟养老保险区域一体化经验及启示》，《现代经济探讨》，2013 年第 12 期。

⑤ ［英］ Bill Birmingham，张燕妮（译）：《欧盟：流动劳动力的社保待遇支付》，《中国社会保障》，2008 年第 2 期。

⑥ 简洁：《欧盟社保关系转续模式的思考》，《中国社会保障》，2011 年第 11 期。

⑦ 罗静、匡敏：《国内外养老关系转移接续经验借鉴》，《社会保障研究》，2011 年第 4 期。

⑧ 黄崇超：《欧盟国家养老保险关系转移接续协调机制及其启示》，《合作经济与科技》，2012 年第 8 期。

文献资料来看，已有研究多集中在制度介绍和国际经验借鉴方面。比较而言，国外学者在该领域的研究经验更加丰富，不仅研究内容涵盖范围广，且其理论更加成熟，而国内在该领域的相关研究文献还比较欠缺。其中，针对欧盟社会保障机制的引入、发展和适用范围的研究文献尤为稀少，盲目地借鉴“开放性协调机制”指导中国劳动力养老保险的转移接续问题，容易产生地区不适应现象。这也是本书从历史发展角度出发，探求欧盟社会保障协调机制以及其对成员国社会养老保险转移接续等问题的重要原因。

三、简要评述

通过梳理总结国内外关于欧盟社会养老保险关系转移接续的相关研究成果，可以发现：

第一，国外学者的研究基本上是从欧盟层面关注社会保障制度协调性的发展和应用问题，研究重点是社会保险协调机制如何促进劳动力转移就业、流动劳动力社会福利的覆盖以及养老保险待遇跨多国支付等问题。这些研究已经比较成熟，但还存在一些不足之处，主要表现为：一是缺少从成员国层面考虑欧盟社会保障协调机制的选择性解释；二是缺乏对各国如何处理跨国流动劳动力的社会福利覆盖、养老缴费以及既得福利待遇的支付程序等方面的比较研究；三是缺乏对社会保障协调机制在养老保险关系转移接续中遇到的实际困难和区域不适性的实证检验。

第二，从国内关于欧盟养老保险关系转移接续的研究来看，文献数量有限。已有研究文献也多集中在对欧盟养老保险关系跨国转移问题的经验分析和理论探讨方面，而对欧盟，或者其他国家在实践中如何推进养老保险跨境转移接续的相关研究成果还相对较匮乏。

综上所述，本书欲从欧盟社会保障协调合作机制的发展历史和时代进步性出发，深入探讨欧盟社会养老保险“开放性协调机制”的法律基础、基本原则、操作办法等内容，并根据欧盟 15 国放开劳动力市场的先后顺序，选取部分欧盟成员国为研究对象，并进一步分析他们在“开放性协调机制”下促进社会养老保险转移接续的具体做法，以此来补充和完善国内外对该研究主题方面的资料。最后，本书还梳理总结了欧盟“多元+协调”的多边合作机制的经验启示，对照中国的现实情况，提出适合中国流动劳动力社会养老保险跨省转移接续的政策建议。

第三节 研究思路、逻辑框架与研究方法

一、研究思路

欧洲经济一体化的目标之一就是通过消除欧共体成员国之间商品、服务、资本和人员流动的壁垒，实现商品、服务、资本和人员在内部市场的自由流动。劳动力的特殊性决定了其在自由流动过程中，必然涉及与劳动条件密切相关的福利待遇问题。如何能够保证流动劳动力的福利待遇不因流动降低或受损，是劳动者个人十分关心的问题，而劳动力输出国和输入国也会从本土公民的福利待遇以及保险制度的财务可持续性等问题予以考虑。可以说，欧盟社会保障协调机制，乃至社会养老保险协调机制，是欧盟建立区域单一市场、消除内部边境控制的必然结果。欧盟社会保障协调机制的治理模式分为对内与对外两种类型。欧盟对外的社会保障协调机制，是对第三国家流动劳动力福利待遇的解决办法，鉴于研究时间的局限性，本书不对第三国社会保障政策的具体规定做进一步深入研究。欧盟对内的社会保障协调机制是建立在内部统一大市场基础之上，旨在促进内部人员的自由流动。在此战略性目标之上，欧盟成员国相互协调与合作，对欧盟成员国国民采取较为统一、融合的管理政策，注重内部的安全和权利保障。因此，欧盟对区域内流动人员的社会保障协调机制是欧盟成员国在一体化进程中让渡部分主权的产物。①

鉴于此，本书将在已有文献的基础上，从历史角度探求欧盟社会保障协调机制的特定历程及其在社会养老保险领域的应用，依据欧盟 15 国劳动力市场开放的先后顺序，深入剖析特定成员国对社会保障协调机制的消化理解、选择性应用和具体衔接办法等，进一步指出该制度对特定成员国国家社会保障制度财务可持续性的影响。最后，本书总结了欧盟社会养老保险协调

① 郝鲁怡：《欧盟国际移民法律制度研究》，华东政法大学博士论文，2009 年 5 月。

机制的经验启示，结合中国流动劳动力跨省转移接续的实际问题，提出构建中国养老保险协调机制，以及流动劳动力跨省自由转移就业的改革方案。

二、研究内容和逻辑架构

（一）本书逻辑架构

本书逻辑架构如图 1–2 所示。

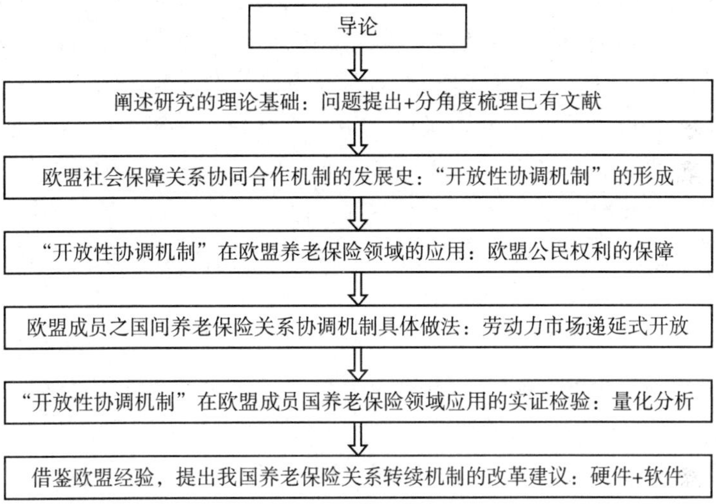

图 1–2　本书逻辑框架

（二）主要研究内容

根据本书研究思路和逻辑框架，主要研究内容如下：

第一章，导论。本章首先介绍了研究课题的选题背景和研究意义；其次，梳理和总结了有关欧盟社会保障关系协调机制的历史研究成果；最后，介绍了本书的逻辑框架和主要研究内容，并指出本书研究的主要方法、创新之处、难点和不足。

第二章，欧盟社会保障体系协同合作机制的发展历程。本章以欧盟社会保障协调机制的立法协调为时间轴，将欧盟社会保障协同合作机制的发展历程总结为三个阶段，即"促进劳动力流动的法令"阶段、"社会保障关系对接"阶段和"开放性协调机制"阶段。本章还进一步比较阐述了各阶段社会保障协同立法的提出背景、基本原则、适用性和局限性。

第三章，“开放性协调机制”在欧盟养老保险领域的应用。本章共有四节。第一节，了解掌握“开放性协调机制”社会养老保险政策的内涵和外延。第二节，从基本原则、养老待遇发放的具体程序和案例分析三方面剖析社会养老保险协调机制的具体做法。第三节，深入探讨欧盟养老保险协调机制评价指标体系的构建问题。最后，提炼总结欧盟养老保险协调机制面临的主要挑战和争议。

第四章，养老保险“开放性协调机制”在欧盟成员国层面的应用分析。首先，本章介绍了欧盟“过渡性劳动保护措施”，劳动力市场放开的时限和“递延开放”所具备的基本条件。其次，按照欧盟成员国劳动力和服务部门市场放开的时间顺序，将欧盟成员国划分为“首批开放国家”、“递延开放国家”、“最后开放国家”和新成员国四组，又从每组中选取 2~3 个典型国家，分别阐述各国社会养老保险开放性协同的应用、流动劳动力养老保险的覆盖情况、申请福利待遇应具备的基本条件，以及最终福利待遇的支付情况等内容。最后，总结了“开放性协调机制”在成员国层面养老保险领域应用的共同趋势。

第五章，欧盟成员国社会养老保险“开放性协调机制”实践效果分析。在第四章学理分析的基础上，本章应用数理统计的方法验证英国、德国等国社会养老保险“开放性协调机制”的实践效果。

第六章，欧盟社会养老保险“开放性协调机制”的经验及启示。本章总结了欧盟社会养老保险“开放性协调机制”的成功经验，并结合中国流动劳动力跨省转移接续的实际情况，提出适合我国养老保险转移接续的政策建议。

三、研究方法

（一）历史分析法

本书注重历史分析与现实分析相结合的方法，历史分析法几乎覆盖全书，研究对象跨越半个多世纪，力求从较长一段时期内对所选问题展开系统性分析与研究。此外，本书追溯了欧盟东扩南拓的发展史，以及相应阶段的社会保障制度法律协调变迁史，以期清晰了解社会保障“开放性协调机制”模式选择的必然性和局限性，进而获悉影响该机制实际运行及可持续发展的深层次原因。

（二）比较分析法

本书分别采用了横向比较法、纵向比较法和综合比较法。在同一时代，欧盟成员国的社会保障体系千差万别，其针对区域内的自由流动的劳动者所提供的保障范围、具体实施细则也各不相同。因此，本书通过采用横向比较分析法，深入了解各成员国在遵循欧盟基本原则的基础上，保障流动劳动者的利益不受损失，进而降低本国劳动力市场所受的冲击。在欧盟扩张的过程中，欧盟成员国的协同目标从最初的“经济自由”逐步转变为“社会公正”。在不同时代背景下，欧盟委员会等组织机构为促进劳动者在区域内的自由流动，采用了不同的社会保障协同合作方式。通过使用纵向比较分析法，可以了解欧盟社会保障协同合作的变迁历程，以及各阶段协调方式所具备的时代进步性和弊端、养老保障跨国转移的成绩和教训，加速中国养老保障关系跨地区转移的制度变革。就该问题的研究，不同研究人员的出发点差异性很大，本书将现有研究进行分类综合，并从四个研究角度出发，比较分析了已有文献的研究侧重点。

（三）定性分析和定量分析相结合

本书在讨论欧盟社会保障协调机制的基本原则、主要内容和操作办法等方面时，运用定性分析的方法探究了欧盟老成员国对流动欧盟公民的养老保险关系登记和变更、费用征缴、核算以及待遇支付等因素，明确了新老成员国对欧盟协调规定标准的遵循以及单个成员国的灵活性调整机理。为评估“开放性协调机制”的运用，对欧盟成员国劳动力市场的影响和经济效应，本书采用面板数据和时间序列分析方法进行了简单预测，有力地支撑了本研究的结论。

此外，在国际比较和国内实际情况相结合的基础上，本书还涉及宏微观经济学、财政学、社会保障学等多学科、多层次的研究方法；坚持理论思考和案例分析相结合；在分析协调机制的法条法规方面还应用了一定的法学研究法。

第四节　创新与不足之处

一、创新之处

国内外学术界有关欧盟社会政策及社会保障协同发展等相关研究成果（尤其是对欧盟的经验研究）为本书的创新提供了重要的理论素材和学术参考。在此基础上，本书以欧盟成员国社会养老保险协同机制及其具体操作办法为核心，具体在以下方面做了一些创新的尝试。

（1）在对欧盟社会保障协同发展治理机制变迁的考察中，本书首先从历史分析的视角阐述了欧盟各阶段社会保障协调机制更替的政策背景、法律基础和基本原则，厘清了“开放性协调机制”引入的必然性和局限性，并结合新版欧盟社保法令的相关变化展望该机制的未来变迁态势。

（2）在欧盟层面，本书解析了“开放性协调机制”在社会养老保险领域的应用及影响，在此基础上提炼出流动劳动力在多国流动时，养老缴费、基金积累和待遇支付的欧盟标准。在欧盟成员国层面，本书依托历年“欧盟社会保险报告”等官方文件，总结了部分欧盟成员国对欧盟标准的选择性理解，以及各国社会养老保险转移接续的具体做法。这也是全书的核心内容。

（3）本书实证检验了欧盟社会养老保险“多元+协调”机制的实践效果。

二、本书难点和不足

本书以流动劳动养老保险关系跨国转移接续协调机制为研究的侧重点，尚未涉及养老保险以外的其他保险问题，研究范围相对较窄。事实上，流动劳动力在国家之间转移流动过程中，还会涉及劳动者权益的当期福利政策措施，如家庭补贴、医疗保险、工伤保险等，这些政策措施也直接影响流动劳动力的就业选择，如何公平有效地获得这些福利也至关重要。

此外，鉴于时间、精力和语言的制约，笔者未能深入欧盟成员国有关部门进行实地调查，所用信息资料和研究数据均来自 OECD、IMF 等国际组织官网，欧盟官网和部分成员国官网，故课题研究的一手资料不甚充足，而部分二手资料或者多手资料由于来源和统计口径不同，也一定程度上影响了研究结果的精准性。

第二章　欧盟社会保障体系协同合作机制的发展历程

第一节　欧盟社会保障协同合作机制的缘起

一、实现欧盟社会政策一体化的要求

欧盟有着漫长的社会保障协同发展史。20 世纪 50 年代，欧洲一体化的创始者就意识到社会保障对促进劳动者自由流动的重要性，便着手欧洲范围内的社会保障协调。然而，在经济一体化初期，共同体的首要任务是建立区域共同经济，而社会政策只是实现经济目标的一项政策手段（见图 2–1）。自《罗马条约》签订后的相当长时间里，只有社会基金、劳动力自由流动和工作健康与安全三个领域取得了一定发展，而其他政策领域始终没有得到显著成效。随着欧洲国家政治、经济一体化的不断深入，欧洲成员国之间的社会政策，特别是社会保障政策的重要性日益凸显。[①] 进入 70 年代后，欧洲经济发展速度逐渐放缓，其社会政策中的弊端也不断显现，“成员国共同关心”的社会政策范围越来越广，且不断有新的“社会政策需求”提出[②]，这为社会保障协调机制的形成提供了政策依据。进入 90 年代后，欧盟经过数次扩张后，成员国数量不断增加，成员国之间的人员、劳务互通往来也更加密切

---

① 陶金：《欧洲：社会保障一体化背景下的养老保障改革》，《世界经济情况》，2010 年第 4 期。
② 田德文：《欧盟社会政策与欧洲一体化》，北京：社会科学文献出版社，2005 年，第 6~9 页。

（见图2–2）。但是，各成员国社会保障制度的多样化，以及属地化管理原则的本质，决定了一国的社会保障制度只适用于在本国领土上居住或工作的人员，一旦离开本国领土，就失去了获取相关社会保障的权利。这就意味着，自由流动人员不仅很难获得东道国的社会保障权利，而且还可能会面临既得社会保障权利损失的风险，如既得养老金无法转移到东道国。同时，特定国家的社会保险监督管理机构受地域的限制，对跨国转移就业劳动力的监管难度大，监管成本高，跨国劳动力偷逃社保缴费的现象频现。在这一背景下，各成员国促进社会保障政策的一体化、维护跨国转移就业劳动力的社会保障权利的需求也愈演愈烈。

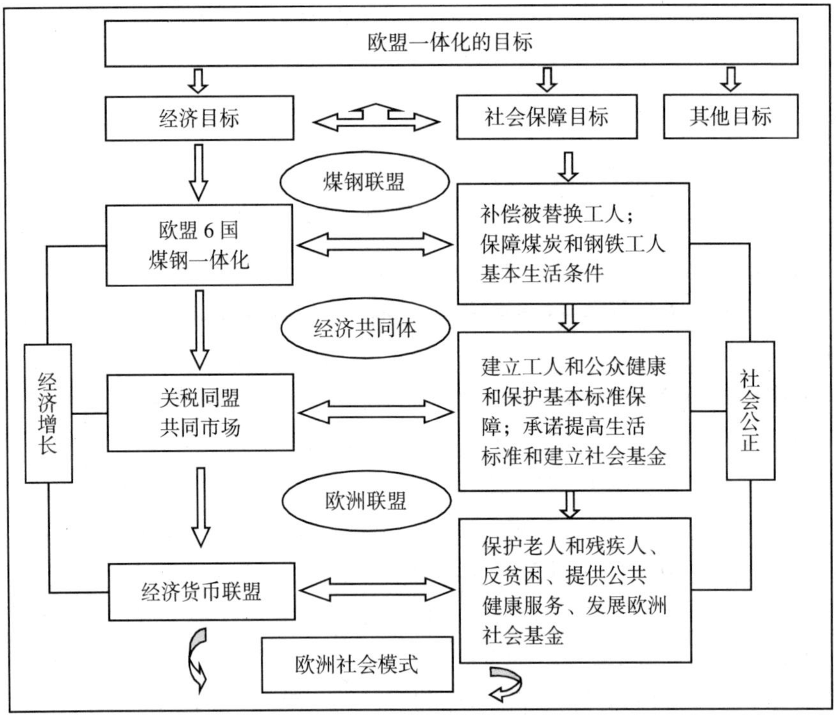

图2–1　欧盟一体化经济目标与社会保障目标的关系

资料来源：参考田德文：《欧盟社会政策和欧洲一体化》，笔者整理绘制。

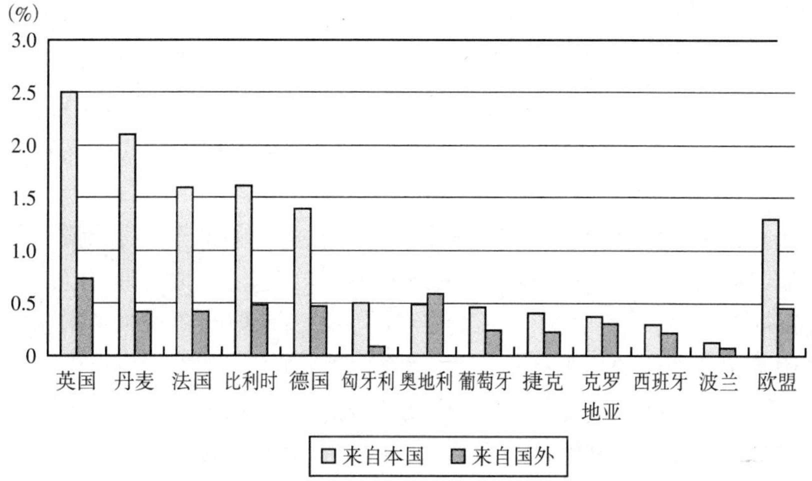

图 2-2　2013 年欧盟成员国年均人口流入率

注："来自本国"是指本国劳动力在国内其他区域工作生活 1 年以上者；"欧盟平均值"只含有图中国家人口比重，约占欧盟劳动人口总数的 70%。

资料来源：Eurostat Special Extraction from European LabourForce Survey.

二、受国际社会保障法的影响

正如前文所述，欧盟各成员国都拥有各自相对完善的社会保障制度体系。从立法本质来看，成员国的社会保障法是国家法，其变革不可避免地受国际社会保障法规的影响。[①]在开放性协调机制下，欧盟各国的法定最低退休年龄的调整（具体调整数详见第四章）与国际劳工组织通过的各类社会保障公约密切相关。例如，1933 年国际劳工组织通过的第 35 号《养老保险公约》规定："外国公民应享有本国公民同等的养老保险权利（第 12 条款）……外国公民养老保险待遇领取的期限不得超过 5 年（第 21 条款）……法定最低退休年龄不得高于 65 岁（第 16 条款）"（1937 年生效）。[②] 1952 年，国际劳工组织《社会保障最低标准公约》第 26 条款规定："法定退休年龄低于 65

① Frans Pennings："Between Soft and Hard Law：The Impact of International Social Security Standards on National Social Security Law"，Kluwer Law International，March 13，2006.

② C035－Old－Age Insurance（Industry，etc.）Convention，1933（No. 35）：http：//www.ilo.org/dyn/normlex/en/f? p＝NORMLEXPUB：12100：0：：NO：12100：P12100_INSTRUMENT_ID：312180：NO.

岁，或如果退休老人在工作能力许可的情况下，可由国家社会保险管理机构根据老人的工作能力将法定退休年龄提高到 65 岁以上”（1955 年生效）。[①] 1967 年，第 128 号《残疾人、老人和遗属津贴公约》第 15 条款规定：“法定退休年龄一般不得高于 65 岁，但在本国人口、经济和生活等条件需要时也可提高到 65 岁以上”（1969 年生效）。[②]

另外，根据国际社会保障法规定，国家调整社会保障法的政策工具可分为两类：趋同性工具（Harmnization Instruments）和协调性工具（Coordination Instruments）。[③] 趋同性，即“一致化”或“最低标准化”，按照趋同原则，欧盟各国要按照相同的规则制定社会保障权益领取资格条件，并提供不少于最低标准的社会福利待遇，这将涉及成员国的所有保障对象。按照协调性工具，成员国只需通过多边协商合作的方式，针对跨国转移就业人员的社会保障问题做相应变革。因此，对欧盟成员国而言，他们更能接受欧盟层面有关社会保障政策制度的“协同”而非“趋同”的调整方式（见图 2–3）。

三、通过双边或多边协定形式解决流动人员的社会保障问题是历史的选择

事实上，国与国之间通过缔结双边社会保障协定的方法解决外国移民社保权益便携性的历史，几乎和社会保障制度的发展史一样漫长。早在 20 世纪初期，法国和意大利就签订了第一份国际社会保障双边协定（1904），之后两国又签订一份有关投保时间累计制度[④] 的双边协议（1919）。[⑤] 这些早期的社会保障双边协定主要针对跨国就业者遭受工伤事故后的平等治疗，以及

① C102 – Social Security（Minimum Standards）Convention，1952（No. 102）：http：//www.ilo.org/dyn/normlex/en/f? p=NORMLEXPUB：12100：0：：NO：12100：P12100_INSTRUMENT_ID：312247：NO.

② C128 – Invalidity，Old–Age and Survivors'Benefits Convention，1967（No. 128）：http：//www.ilo.org/dyn/normlex/en/f? p=NORMLEXPUB：12100：0：：NO：12100：P12100_INSTRUMENT_ID：312273：NO.

③ Jason Nickless and Helmut Siedl：Co–ordination of Social Security in the Council of Europe：Short Guide，Council of Europe，January，2004.

④ 投保时间累计制度是指将参保人在某一国的缴费时间或居住时间累加到另一国的参保时间上，以满足该国社会保险待遇领取的基本条件。

⑤ Holloway，John. Social policy harmonisation in the European community. Gower Publishing Company，1981.

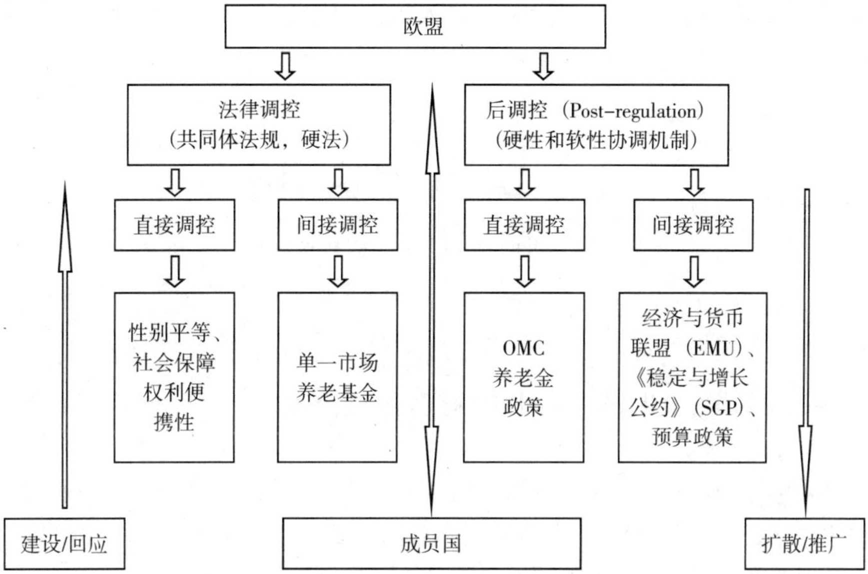

图 2-3　欧盟调节成员国养老金政策的主要措施

资料来源：David Natali：The Open Method of Co-ordination on Pensions：EU Common Knowledge Production in A Nationally-rooted Policy，University of Bologna-Forli，Italy，2001.

如何向伤员家属提供资金赔付等问题做了相应规定。[①] 第二次世界大战以后，随着经济发展和国际分工的细化，跨国转移就业的劳动力越来越多，国际社会保障协议也不断扩充完善。据统计，1949~1966 年，全球共签订了 401 项社会保障双边协议，其中 94%的协议双方是欧洲国家。截至 2004 年底，全球共有各类社会保障双边协定 3000 余项，涉及外籍员工及外派员工合计 10 余万人。[②]

此外，欧盟社会保障协同合作应遵循的四项基本原则，即平等对待原则[③]、法律适用性原则、既得利益不受损原则和保障权益可输出原则。[④] 在四项基本原则的指导下，国家间可通过双边协定和多边协定、双边公约或者超国家

① Dupeyroux，Jean-Jacques，Michel Borgetto，and Robert Lafore. Droit de la sécurité sociale. Dalloz，2013.

② 王延中、魏岸岸：《国际双边合作与我国社会保障国际化》，《经济管理》，2010 年第 1 期。

③ C118 - Equality of Treatment (Social Security) Convention，1962 (No. 118)：http：//www.ilo.org/dyn/normlex/en/f? p=NORMLEXPUB：12100：0：：NO：P12100_INSTRUMENT_ID：312263.

④ European Social Security Law - Social Security System for Migrant Workers and Estonian Situation：http：//www.juridicainternational.eu/? id=12472.

法的形式，实现社会保障制度的协同发展。因此，欧盟最终选择了“多边+协调”的社会保障协同治理模式。

第二节　欧盟 6+6 国
——临时社会保障协议

一、西欧 10 国——临时社会保障协议

欧盟成员国在社会保障领域的协同与合作，经历了从最初的个别成员国之间的协商，到联合颁布流动劳动力社会保障法令的过程，并最终形成了“欧盟社会保障法令”的《欧共体 1408/71 号条例》和《欧共体 574/72 号条例》（见表 2-1）。1949 年 5 月 5 日，爱尔兰、法国、意大利、英国等 10 个西欧国家组织成立了欧洲委员会（The Council of Europe）。欧洲委员会自成立以来，一直致力于维护成员国公民的基本权利，并促进地区和谐发展。1949 年 9 月，欧洲委员会第一届议员大会召开，为检验成员国已有社会保障双边协议向第三国延伸的可能性，会议决定于 12 月 7 日签署旨在促进成员国社会保障平等对待的《布鲁塞尔条约》（*The Brussels Treaty*）[①]，并组建专门负责评估验证工作的“社会保障专家委员会”。[②] 根据专家委员会评审结果，欧洲委员会于 1953 年 10 月草拟并签署了一系列旨在维护成员国公民基本权利，促进社会和谐发展的社会保障临时协议，即《欧洲有关养老金、残障金和遗属津贴的社会保障临时协议》（1954 年生效，以下简称《临时协议 1》）[③]、《欧洲有关养老金、残障金和遗属津贴外其他保险的欧洲社会保障临时协议》

① 1949 年 12 月 7 日，比利时、法国、卢森堡、瑞士和英国五国共同签署了《布鲁塞尔协议》，该协议明确规定缔约国在社会保障方面要平等对待各国公民，而缔约国已签订的双边协定或者多边协定同样适用于五个缔约国。

② Jason Nickless and Helmut Siedl, Co-ordination of Social Security in the Council of Europe: Short Guide, Council of Europe, January, 2004.

③ The European Interim Agreement on Social Security Schemes relating to Old Age, Invalidity and Survivor: http: //conventions.coe.int/Treaty/en/Treaties/Html/012.htm.

（1954 年生效）[1]、《欧洲公共救助和医疗救助》（1954 年生效，以下简称《临时协议 2》）[2]。上述临时协议覆盖了欧洲理事会所有成员国公民，以及受邀加入并获得准入资格的非成员国公民。1954 年 10 月，临时性社会保障协议及其约定正式实施，这是欧盟首次尝试实现成员国社会保障制度的立法协同。

表 2-1　欧盟流动劳动力自由流动及社会保障相关的立法

时间	法律法规	相关内容
1951 年	《建立欧洲煤钢共同体条约》	对特殊行业劳动力的工资水平、生活保障、工伤、失业补助及再就业提出指导性意见
1957 年	《建立欧洲共同体条约》（与《欧洲原子能共同体条约》统称为《罗马条约》）	确立"内部统一大市场"的四大自由（货物、人员、服务与资本自由流动）；建立欧洲社会基金，并在就业、职业培训和深造，社会保险，同工伤和职业病作斗争，劳动卫生，工会的权利以及雇主和劳动者之间的集体判断方面加强合作
1971 年	《欧共体 1408/71 号条例》	适用于雇佣劳动力、非雇佣劳动者及其家庭成员在欧共体内部流动时
1972 年	《欧共体 574/72 号条例》	《欧共体 1408/71 号条例》的相关操作规程
1983 年	《欧共体 2001/83 号条例》	对《欧共体 1408/71 号条例》的修改
1986 年	《单一欧洲法案》	重新明确了要建立内部统一大市场；强调运用结构基金等多种方式打破地区差异
1992 年	《马斯特里赫特条约》	引进"欧洲公民"概念，加强对成员国国民权利与利益的保护
1992 年	《欧共体 1249/92 号条例》	对《欧共体 1408/71 号条例》和《欧共体 574/72 号条例》适当修改
1985 年	《申根协定》（1995 年该协定全面生效，并在 1997 年纳入欧盟条约）	只要在申根区的任何一个国家合法居留或获得入境签证，可以在申根国自由通行（申根区同欧盟之间有一个相互交叉的部分，通过这份协议，可以保障欧盟各成员国内的公民可以自由跨国迁徙）
1997 年	《阿姆斯特丹条约》	增加了"人员自由流动、避难与移民"内容，规定在制定决策时尽量考虑公民的权利
2004 年	《欧盟 859/2004 号条例》	将《欧共体 1408/71 号条例》的适用范围扩展到合法居住在某个成员国境内、处于跨国境状态的第三国公民

① The European Interim Agreement on Social Security other than Schemes for Old Age, Invalidity and Survivors: http: //conventions.coe.int/Treaty/en/Treaties/Html/013.htm.

② European Convention on Social and Medical Assistance（1953）: http: //www.worldlii.org/int/other/COETS/1953/5.html.

续表

时间	法律法规	相关内容
2007 年	《里斯本条约》(2007 年该条约签订并于 2009 年生效)	确认“欧盟基本权利宪章”对各成员国的法律约束力，使得决策效率大为提高，大大提高了“有效多数表决制”决策的范围，以简化决策过程。改变了传统的一票复决制度，大多数领域包括司法内政等也将以“有效多数制”表决
2009 年	《欧盟 987/2009 号条例》	对《欧盟 859/2004 号条例》适当修订，要求成员国通过标准化参保人信息数据，并数据电子化管理和传递，并设定最长时限以便流动
2012 年	《欧盟 465/2012 号条例》	修订了《欧盟 859/2004 号条例》和《欧盟 987/2009 号条例》
	《欧盟委员会 1224/2012 号条例》	修订了《欧盟 859/2004 号条例》和《欧盟 987/2009 号条例》

资料来源：笔者整理所得。

二、有关转移就业劳动力社会保障的立法协同

1951 年，欧盟 6 国签署了《建立欧洲煤钢共同体条约》(以下简称《巴黎条约》)，该条约第 68 条规定成员国间的社会保障安排不应影响劳动力在煤、钢两部门间的自由流动。① 可见，《巴黎条约》为特殊行业劳工福利待遇和就业政策提供了总体的指导意见，为欧洲国家社会保障协调合作奠定了坚实的基础。1955 年，在国际劳工组织的召集下，比利时、德国、意大利、匈牙利、卢森堡、荷兰、波兰等 12 个欧盟国家共同签署了《国际移民社会保障公约》(1958 年生效)，该公约是跨国就业劳动力在东道国获得应有会保障权益的法律保障。② 1957 年 3 月 25 日，欧盟 6 国共同签署了《罗马条约》，该条约决定成立“欧洲经济共同体”。在社会保障方面，《罗马条约》第三篇第 48~51 条规定：取消成员国不同社会保障制度适用中所隐含的地域限制，允许成员国国民在另一成员国内自由迁徙，并平等地享有本国公民应享有的社会保障福利。③ 同时，《罗马条约》第 123 条决定建立欧洲社会基金 (The European Social Fund)，宗旨是促进劳动者在共同体内的就业便利，以及促

① The Treaty Establishing the European Coal and Steel Community (ECSC): http: //en.wikisource.org/wiki/The_Treaty_establishing_the_European_Coal_and_Steel_Community_ (ECSC).

② European Multilateral Social Security Treaties: http: //www.ssa.gov/policy/docs/ssb/v22n2/v22n2p12.pdf.

③ The Treaty of Rome: http: //ec.europa.eu/archives/emu_history/documents/treaties/rometreaty2.pdf.

进劳动者在地域选择和职业选择方面的灵活性。① 1957 年 12 月 9 日欧盟 12 国签署了《欧洲多边社会保障条约》，补充《国际移民社会保障公约》中的未尽事宜，该条约还明确规定跨国就业劳动力与东道国公民福利待遇平等的细则。② 1958 年，欧洲共同体颁布了协调成员国社会保障体系的《欧共体 3/58 号条例》以及实施该条例的《欧共体 4/58 号条例》，于 1959 年 1 月 1 日正式生效，这两项条例是对欧洲社会保障临时协议的补充和扩展。③ 至此，欧盟 6+6 国已基本建立了社会保障协同发展的基础法律体系。

三、临时社会保障协议的有关规定

（一）基本原则

第一，非歧视性待遇原则。所谓非歧视原则是指临时协议缔约国应平等对待双方公民，并应消除双方自由流动人员在就业、取得报酬以及其他就业条件方面可能遭受的国籍歧视。④ 也就是说，A 缔约国公民移民到 B 缔约国，B 缔约国要向 A 国公民提供无差别的社会保障福利，且在 B 国法律允许的情况下，A 国公民退休后可回到 A 国，并享受 B 国提供的养老金。⑤ 非歧视性待遇原则适用于养老保险待遇领取的基本资格、养老金合计额以及养老金跨国输出等问题。例如，A 国公民在 B 国工作 25 年，达到 B 国养老金待遇领取的基本资格，那么 B 国不能阻止该公民返回 A 国以及继续从 B 国领取养老金的权利。另外，临时协议主要反对直接歧视，但也反对制定双重标准等间接歧视。⑥

第二，双边协议或多边协议的递延原则。“递延原则”，或可理解为“辐

---

① 1957 年 3 月 25 日，《欧洲共同体条约》第 123 条：http：//www.cvce.eu/en/obj/treaty_establishing_the_european_economic_community_rome_25_march_1957-en-cca6ba28-0bf3-4ce6-8a76-6b0b3252696e.html。

② European Multilateral Social Security Treaties：http：//www.ssa.gov/policy/docs/ssb/v22n2/v22n2p12.pdf.

③ Regulation（EEC）No.3 of 25 September 1958 and Regulation（EEC）No.4 of 3 December，1958.

④ Christopher McCrudden and Sacha Prechal：The Concepts of Equality and Non-Discrimination in Europe：http：//ec.europa.eu/employment_social/progress/index_en.htm.

⑤ Jason Nickless and Helmut Siedl：Co-ordination of Social Security in the Council of Europe：Short *Guide*，*Council of Europe*，January，2004，p.22.

⑥ Article 2（2），Article 2（3）of Both Interim Agreements.

射原则”、“传导效应”，是指任何两个缔约国已签订的双边协议或三边协议，都适用于其他缔约国，即双边或多边协议可向其他缔约国递延。① 例如，现有成员国 A、B、C，其中 C 国与 B 国之间已签署了社会保障双边协议，而 A 国与 B 国和 C 国均未签订双边协议。现有 A 国公民甲分别在上述三国工作并参保，其中在 A 国工作了 2 年，之后转移到 B 国工作 10 年，又转移到 C 国工作 15 年，最终在 C 国退休，且 C 国规定养老金待遇领取的最低参保年限是 20 年。那么，在临时协议生效之前，C 国核算 A 国公民参保年限时，只会核算公民甲在 B 国的参保年限，不会考虑其在 A 国的参保年限。但是，当三国均签署了临时协议后，C 国就必须将公民甲在 A 国的参保年限一并核算。② 值得注意的是，临时协议有效期限制规定一般为 1 年。如果 A 国公民养老金输出申请审批书是在临时协议生效的第 7 月获准的，他只能输出 5 个月的养老金，其他不能输出的部分只能通过仲裁的方式获取。③

（二）保障范围

《临时协议 1》覆盖了养老金、残障金和遗属津贴。④《临时协议 2》覆盖了医疗保险、工份保险、失业保险和家庭津贴。⑤ 临时协议的补充提案将难民也归属到在上述保险范围之内。⑥ 但是，关于公共救助、医疗救助和公务员养老金等相关保障问题，两个临时协议都没有做明确规定，需要根据国家层面的双边协议或者多边协议等条款补充说明。⑦ 其他补充性条约，分别规定了特殊工种的保险范围和跨国就业劳动者应得的基本福利范围。⑧

（三）非缴费型保险津贴领取资格

非歧视性原则、双边协议和多边协议的递延原则并不是绝对的。在临时

---

① Article 3 of Both Interim Agreements.

② Jason Nickless and Helmut Siedl, “Co-ordination of Social Security in the Council of Europe: Short Guide”, *Council of Europe*, January, 2004, pp.23-24.

③ Article 12 of Both Interim Agreements.

④ Article 1（1）of Interim Agreement No.12.

⑤ Article 1（1）of Interim Agreement No.13.

⑥ Protcol to the European Interim Agreement on Social Security Schemes relating to Old Age, Invalidity and Survivor: http: //conventions.coe.int/Treaty/en/Treaties/Html/012a.htm; Protcol to the European Interim Agreement on Social Security other than Schemes for Old Age, Invalidity and Survivors: http: //conventions.coe.int/Treaty/en/Treaties/Html/013a.htm.

⑦ Article 8 of Both Interim Agreements.

⑧ Explanatary Report to the European Convention on Social and Medical Assistance（No.12 of the Europe Treaty Series）: http: //conventions.coe.int/treaty/en/reports/html/014.htm; No.13 of the Europe Treaty Series-Explanatory Reports: http: //www.worldlii.org/int/other/COETSER/1953/4.html.

协议下，福利待遇的领取资格会随着保险覆盖面及缴费情况的变化而变化。其中，非缴费型养老保险津贴的具体领取资格如下[①]：

第一，20岁以后，在缔约国居住不低于15年，居住期可中途间断。

第二，申请非缴费养老金前，在缔约国持续居住5年以上的普通居民。但是，临时协议没有明确普通居民的范围，由缔约国双方约定。

第三，所谓持续居住，是指居住间断期不超过3个月；间断期在3~6个月的，为间断性持续居住；间断期超过6个月的为非持续性居住。

上述规定有效地将福利移民人群排除在制度之外。[②]

（四）成员资格核准制

临时协议适用于所有欧洲理事会成员国[③]和受邀加入并核准的非成员国[④]。一个国家可通过审批核准方式成为临时协议缔约国。审批获批当月的第一天，临时协议开始生效。[⑤]协议生效后，缔约国几乎所有的公民都在制度的覆盖范围。临时协议生效1年期内，福利制度覆盖人可提出申请，取得期间所有的应得福利。但是，如果申请期超出协议生效的最后期限，申请人则只能获得申请期内的福利，超期的福利获得依赖于缔约国自动延长协议的最后有效期。[⑥]

四、临时社会保障协议的适用性和局限性

综上所述，欧洲社会保障临时协议以及各种补充条约等的签订和实施，是欧盟成员国间促进区域间社会保障协同，促进缔约国国民平等享有社会福利的制度保障，是协议缔约国共同努力的结果。在特定时期，这些基础条约有效发挥了其应有的法律协同职能，也一定程度上为区域间劳动力自由流动扫清了障碍，具有明显的时代性。但是，欧洲社会保障临时协议等基础条约，只是欧盟公民福利待遇平等的基本条款，在实践运行中也有其天然的局限性，具体如下：

---

① Article 2（1）of Interim Agreement No.12.

② 福利移民是指个人在国家间转移的主要目的是为了获得更高的社会福利。

③ Article 13（1）of Both Interim Agreements.

④ Article 14（1）of Both Interim Agreements.

⑤ Article 13（2）of Both Interim Agreements.

⑥ Article 4 of Both Interim Agreements.

第一，对临时协议适用的专业术语解释不足。临时协议仅对少数的专业术语给予了明确定义，而绝大多数术语可由缔约国双方根据本国法律规定的“领土”和“公民”条款自行定义。这意味着可选择性定义的术语越多，缔约国双方的不确定性和冲突就会越多，如“普通居民”、“常驻居民”、“工作年限”、“连续居住年限”等。另外，尽管临时协议的附件 I 详细罗列了覆盖的保险制度范围，但并未附带适用的法律和法规。

第二，覆盖范围较窄。临时协议只适用于有风险的缴费型社会保障人群，如老人、残障人士、遗属和失业人员等，但是不适用于无风险的非缴费型社会保障，如社会救助与医疗救助；不适用于公务人员（Public Servant），但适用于领事工作者和外交工作者；不包括自谋职业者和非经济活动人群。

第三，缺乏有效的监管机制。在临时协议的获准和实施过程中，欧盟委员会并未设立专门的司法部门监督缔约国协议执行情况，缔约国也无未定期向非司法监督部门递交年度执行报告。可见，临时协议对缔约国政策行为的约束力较小。

第四，缺乏临时协议条款执行的详细规定。就临时协议规定的具体条款，没有规定明确的操作程序，遇到问题，缔约国的行政部门、领事部门或者外交部会提供一切可能的援助。在缔约国双方发生争端时，先通过双方对话，谈判协商解决办法，否则就向仲裁部门申请协调。

第三节　欧盟 15 国
——社会保障对接条例

一、“社会保障对接条例”的引入

正如上文所述，欧洲社会保障临时协议主要关注的是缔约国双方国民的平等对待问题。从临时协议引入的本质属性来看，它是特定历史时期欧洲委员会成员国社会保障协同的临时措施，加上其在执行过程中遇到的各种问题，这些共同促成了制度的进一步完善。另外，随着欧洲委员会成员国规模的扩张，共同体内自由流动劳动力的人数不断增加，如何保证流动人员的社会福利不因流动而损失，如何提高流动人员福利待遇的便携性等问题，逐步成为欧盟成员国共同关注的焦点。1959 年，欧洲委员会 15 个成员国决定起草《欧洲社会保障公约》（以下简称《公约》），新的社会保障公约从 1972 年 12 月 1 日开始签署，1979 年正式实施。[①] 1964 年 4 月 16 日欧洲委员签署了《欧盟社会保障代码》[②]，该条例实现了各成员国社会保障用语的规范化和标准化，为欧盟成员国社会保障协同奠定了坚实的理论基础。在起草欧洲社会保障公约特别条款时，社保专家委员会决定修正和调整有关自由劳动力社会保障的特别条款《欧共体 3/58 号条例》和《欧共体 4/58 号条例》（1958），并由《欧共体 1408/71 号条例》[③]（1971）和《欧共体 574/72 号条例》[④]（1972）取而代之，统称为“欧盟社保法令”。《公约》及“欧盟社保法令”的颁布实施，成功地解决了跨国劳动者的社会保障权益转移问题，实现了成员国间养老保障等长期福利的有效对接，被统称为“社会保障对接条例”，这是欧盟社会保障协调机制发展的巨大进步，具有里程碑的意义。

二、“社会保障对接条例”的有关规定

（一）具体规定

1971 年 6 月 14 日欧共体理事会颁布了《欧共体 1408/71 号条例》，该条例主要关注就业者、自营业者及其家庭成员在共同体范围内迁移行为适用的社会保障制度。总体上，《欧共体 1408/71 号条例》规定了欧盟 15 国社会保障制度趋同的基本规定和执行程序。[⑤] 从条例涵盖的内容来看，《欧共体 1408/71 号条例》保持了《临时协议》的灵活性，但没有明确规定自由流动劳动力必须享有的社会保障权利内容，各成员国仍可选择性地决定保障主体、保障主体可享受的具体福利项目、保险费用的缴纳方式、福利待遇的计算和支付形式等事项。但是，欧盟社会保障对接条例明确了该条例在成员国社会保障法律体系的地位，在尊重成员国基本立法的基础上，让跨国流动的劳动力适用各

---

① European Convention on Social Security：http：//conventions.coe.int/Treaty/en/Treaties/Html/078.htm.

② European Code of Social Security：http：//www.coe.int/t/dg3/socialpolicies/socialsecurity/default_en.asp.

③ Regulation（EEC） No.1408/71：http：//lawvolumes.dwp.gov.uk/docs/a9-2001.pdf.

④ Regulation（EEC） No.547/72：http：//www.uni-mannheim.de/edz/doku/wsa/2003/en/ces-2003-1399.pdf.

⑤ Regulation（EEC） No.1408/71：http：//lawvolumes.dwp.gov.uk/docs/a9-2001.pdf.

国社会保障立法制定的基本原则。从立法本质来看，《欧共体 1408/71 号条例》建立了各成员国社会保障立法适用的欧盟层面协调机制，是一种规避冲突的规范性立法。

1972 年 3 月 21 日欧盟理事会颁布了《欧共体 574/72 号条例》，该条例对《欧共体 1408/71 号条例》的实施做了较精确的程序性规定，也为其有效实施设定了具体规则，具体包括每一成员国社保经办机构的确定、缴费信息的登记注册、福利待遇的领取方式、医疗审查程序以及行政管理机构代为支付各类福利金等的偿付问题等。[①]

（二）制度覆盖人群

《欧共体 1408/71 号条例》明确了条例适应的人群范围，即那些在成员国间迁移时可享受的所有社会保障权利特定人群。[②] 具体覆盖人群如下[③]：

（1）按照东道国国内立法要求，自动加入东道国社会保障体制的就业者和自营业成员国国民。此外，该条例明确区分了“就业者”和“工人”的概念，且规定只要就业者在某一成员国参与了必要的社会保险就适用于该条例，而不要求该就业者一直或者当下仍处于持续性工作作态；[④]

（2）作为学生的成员国公民；条例要求学生应当加入某一成员国社会保障体系，如果该学生未参与任何社会保险制度，则需证明其具有足够的经济来源；

（3）上述人员的家庭成员；符合要求的就业者或自营业者以及学生的家庭成员也适用于该条例，而且可以不考虑家庭成员的国籍，这意味着家庭成员如果是第三国国民，亦适用该条例；

（4）公务员以及家庭成员；条例未对公务员的内涵给予界定，因此具体情况由各国国内社会保障相关立法确定；

（5）难民或无国籍人员。[⑤] 这一规定意味着条例将适用主体的范畴扩大到了第三国国民，但仅限于难民和无国籍人员。

---

① 理事会第 574/72 条例附件二详细列出了每一成员国的不同种类社会福利的保险经办机构。

② Article 2、Article 7 and Article 51 of Regulation（EEC）No.1408/71.

③ Article 2-4 of Regulation（EEC）No.1408/71.

④ Nicola Roger and Rick Scannell，Free Movement of Persons in the Enlarged European Union，*Sweet & Maxwell Limited*，2006.

⑤ Nicola Roger and Rick Scannell，Free Movement of Persons in the Enlarged European Union，*Sweet & Maxwell Limited*，2006.

从上述分析来看，有权享有社会保障权利的流动人员主要限定为加入某一成员国社会保障体制的从事经济活动的就业人员和自营业者，而上述人员的家庭成员依据附属权利性质享有社会保障权利。可见，《欧共体 1408/71 号条例》的社会保障政策目标是促进成员国经济的一体化，并非是向成员国公民提供特殊的社会保障。[①]

（三）基本原则

基于“协调”理念的“欧盟社保法令”在具体的政策设计中体现了以下原则：①权利与义务相对应。“欧盟公民资格制度”作为转移就业劳动力社会保障和福利政策的载体，在解决流动劳动力的政策覆盖方面发挥了重要作用。该制度从法律上进一步确定了各成员国公民在欧盟内部尤其在其他成员国的法律地位，明确了他们在其他成员国的权利和义务[②]。②保险期累积原则。在不同国家体系基础上建立相互连接的期限累加制度，使转移就业的劳动者能够获得最大化的社会保障和福利，即保证流动劳动者社会保障权益免受损失。[③] ③避免重复计算。避免自由流动劳动者社会保障缺失是《欧共体 1408/71 号条例》必须予以保证的问题，同时应避免流动劳动力重复参保问题。[④]“欧盟社保法令”针对具体项目，做出了非常详尽的规定。如以养老保险为主的缴费型福利按照工作地原则，医疗保险中的现金津贴执行保险关系所在国规定，而非现金津贴执行居住地原则。④权益发放的份额化。该原则与“累计”原则相结合，解决了自由流动劳动力在不同国家社保权益的获得问题。[⑤] 养老金是社会保障制度设计的重点内容，也最适合于“累计”原则和“权益发放的份额化”原则，便携性较强。

三、有关养老保险制度的规定

“社会保障对接条例”涉及的福利项目非常广泛，包括基本险和补充险，但其共同目标是“跨国流动人员在社会保障方面所处的环境不差于那些始终

---

① Barbara Melis, Negotiating Europe's Immigration Frontiers, *Kluwer Law International*, 2001.

② 刘世元：《欧盟关于人员自由流动的立法特点及其启示》，《国际经贸探索》，2006 年第 6 期。

③ Article 10 of Regulation (EEC) No.1408/71.

④ Article 45-46 of Regulation (EEC) No.1408/71.

⑤ Article 49 of Regulation (EEC) No.1408/7.

在一个成员国居住或工作的公民”，其中实现养老保险跨国转移接续是核心内容。就养老保险而言，成员国及其公民应该遵循的基本原则如下[①]：

第一，单一国家原则。在同时期，每个流动劳动力只能纳入某一成员国的养老金计划，避免重复参保和重复受益原则。[②] 在两个或者更多的成员国之间如何选择社会保障计划？以什么标准来选择参保国家？为避免出现以上问题，欧盟提出跨境劳动者在同一时期只能参加唯一成员国的社会保障，并运用工作地原则来解释参保国的选择问题。长期以来，各成员国在养老金制度覆盖对象的认定上存在两套标准：一是居住地原则，即要享受本国的养老金待遇就必须是本国国民；二是工作地原则，即不管劳动者本人是不是本国国民，只要在本国正规就业，就可以享受本国的养老金待遇。不同的标准可能导致跨国流动劳动者同时被多个国家所重复覆盖或者同时排斥。而“社会保障对接条例”的出台，是具有欧洲公民资格的劳动者，无论其工作行为发生在多少个成员国，在某一时期只能享受所在工作地国家的养老金待遇和服务，这使各成员国养老金制度覆盖范围均以工作地为标准。[③]

第二，国民待遇原则。对来自另一成员国的雇员和移民者，只要其居住一定期限（一般是 1 年），就必须无条件地给予其同本国公民同等的养老保险待遇，即要遵循平等国民待遇原则。[④] 自《马赫特里赫特条约》中明确建立“欧洲公民的法律概念后，要求欧盟成员国公民的权利和权益不仅要受到共同保护，而且还要公平对待”。[⑤]“社会保障对接条例”中规定，每个成员国不得只对本国国民进行养老金全额支付而对其他国家居民酌情扣减，不管是哪国劳动者，只要在某一成员国居住并参加养老计划超过 1 年，且切实履行了缴费义务，那么该国就必须在其退休时支付全额养老金。[⑥]

第三，分段计算，累计支付原则。劳动者在多个国家工作参保，其退休时的养老金计算要遵循“分别支付、比例支付和累计计算”等原则。[⑦] 如果

---

① Article 41-51 of Regulation（EEC）No.1408/71.

② Article 13 of Regulation（EEC）No.1408/71.

③ 董克用、王丹：《欧盟社会保障制度国家间协调机制及其启示》，《经济社会体制比较》，2008 年第 4 期。

④ Article 48 of Regulation（EEC）No.1408/71.

⑤ Treaty of Maastricht on European Union：http：//europa.eu/legislation_summaries/institutional_affairs/treaties/treaties_maastricht_en.htm.

⑥ Article 6 of the EC Treaty and Article 3 of Regulation No. 1408/71.

⑦ Article 18 of Regulation（EEC）No.1408/71；Article 1 of the Convention.

某劳动者只在一国工作参加养老金计划，那么其退休时的养老金数额完全取决于该国养老金法；对于在多个国家工作并参保时间长短不一的劳动者来说，他退休后领取的养老金额将根据该劳动者在不同国家参保缴费年限的长短和数额的多少来分段计算、按比例给付（根据劳动者在各国缴纳养老金计划时间占全部养老保险缴费时间的比例而计）。[1] 如果劳动者在一国缴纳养老金的时间没有达到该国要求，其养老金权益不会被剥夺，而是被劳动者退休前所工作的最后一个成员国所“接替”，分别累计计算缴费年限，合并支付养老金。[2]

第四，暂时冻结原则。劳动者跨国流动时养老保险权益实行暂时冻结原则。任何一国公民在多个国家间转移就业并参加养老金计划时，都要履行缴费义务，其在转移之前所形成的养老缴费和信息记录将一直保留在输出国，不会随劳动者工作地的变动而转移，当然也不会“充公”，仍具有私人产权属性，更不会立刻“变现”随人带走，只是暂时被输出国“冻结”，直到劳动者达到本国退休条件即可按照规定发放养老金。如果某流动劳动力若干年后再转回输出国工作，新参保年限和缴费记录可以与以前缴费年限和累计缴费额接续累加，保证利益不受“便携性损失”。[3]

总体上看，欧盟社会保障对接条例，明确给出了移民养老保险待遇转移接续的粗略计算办法，比如最低工作年限或最低居住年限的累计计算、养老保险的分段计算以及待遇支付等操作程序。关于养老保险关系跨国转移接续的具体事宜，将在第三章详细解释，在此不再赘述。

四、“社会保障对接条例”取得的成效和不足

（一）“社会保障对接条例”取得的成效

总体上看，“社会保障对接条例”是在坚持各成员国自主决策和实施本国保险制度的前提下，通过设定共同遵守和可以接受的原则，以及运用灵活、先进的技术管理手段，来实现共同体内部各成员国间养老保险政策的协

① Article 29（1）of the Convention.

② Article 51（a）of the EC Treaty.

③ Jason Nickless and Helmut Siedl，“Co-ordination of Social Security in the Council of Europe: Short Guide”，*Council of Europe*，January，2004.

调和衔接，有效地保障了跨国流动者养老金的转移接续和待遇兑付问题。它克服了“临时协议”的弊端和不足，做实了欧盟社会保障制度协同发展的目标，是欧盟社会保障协同机制的飞跃性进步。具体成效如下：

第一，《欧共体 1408/71 条例》明确界定了条例所涉及的社会保障专业术语，规范了成员国间的社会保障用语，方便成员国间互相交流，尤其是便于互相对接。[①] 第二，“社会保障对接条例”并不是要用欧盟层面的统一社会保障制度来“硬性”取代各成员国现有的社会保障制度安排，而是在尊重成员国社会保障特色的基础上，寻求成员国必须遵守的一系列共同原则，以确保成员国的“个体行为”不会对在欧盟区域内自由流动的人员产生“重复保障”或“遗漏排斥”等消极影响。第三，“社会保障对接条例”修正和完善了“临时协议”中操作性差的弊端，尤其是《欧共体 547/72 条例》实现了流动人员福利待遇的核算办法规制化，这大大提高了福利待遇的跨境转移接续的可能性。[②] 第四，值得一提的是，欧盟 15 国间相对均衡的经济和社会发展水平，完善的社会保障制度体系，流动人员对某一个成员国流动不会太集中，进而对成员国的社会保障系统及其财政系统的冲击并不大，且流动劳动力跨国转移成本不算太高。

（二）“社会保障对接条例”的不足

“社会保障对接条例”无论是对欧盟成员国间的社会保障协同，还是为流动人员保障权益流转等方面，都做出了不可磨灭的贡献。但是，“社会保障对接条例”在运行中也有其局限性和不适性。第一，待遇核算和支付程序过于复杂。无论是缴费型福利，还是非缴费型福利，都会涉及参保人信息收集、整理等工作，保险基金在国家间转移接续历时长。第二，与“临时协议”一样，“社会保障对接条例”也未设定专门的监管机构。没有监管部门监督成员国对接条例的执行情况，也未曾向欧盟委员会提供必要的国家年度执行报告。第三，未设立解决争端的专门部门。在条例执行过程中，协议双方发生争端，可通过对话形式解决。如果对话方式仍无法解决争端，可向欧洲委员会行政部门提出申请，并由其协助解决。另外，条例的顺利实施是建立在欧盟成员国经济社会发展水平差距不太大的基础之上，而且这种对接机制只是实现了不同国家养老金制度的暂时衔接，当某一国家发生经济波动、

① Article 1 of Regulation（EEC）No.1408/71.
② Article 18 of Regulation（EEC）No.547/72.

老龄化加速，劳动力成本上升等情况时，势必使这个国家养老保险财政负担加重，变得不可持续。因此，这种“治标不治本”的方法需要创新，需要更合理的协调机制出现。

表 2–2 欧盟“开放性协调机制”在不同社会政策领域的应用

政策领域	预算政策	宏观经济政策	就业政策	社会融入政策	养老金改革	信息社会	科研和创新
法律基础	1466/97 号条例协议第 104 条款；1467/97 号条例	第 99 条款	第 125~130 条款	第 136~137，144 条款	第 140 条款	间接性	第 165 条款 TEC
协调程序	稳定和增长（1997）	经济政策协调（1992）	卢森堡进程（1997）	OMC（2000）	OMC（2001）	OMC。欧盟电子化行动计划（2000）	OMC。欧盟研究领域计划（2000），OMC 实验阶段（2003）
政策工具	量化目标；稳定或趋同程序	广义经济指导手册（包括量化目标），国家报告和指标化	就业指导（包括量化目标和标准），国家行动计划和指标化	共同目标（定性），国家行动计划和指标化	共同目标（定性），战略报告，指标讨论	目标达成最后期限，设定定量指标、定性指标和标准；成功实践经验学习	指导手册；设立定量指标、定性指标和标准；以报告形式学习成功实践经验
政策目标	避免溢出和搭便车行为	按照欧盟货币联盟（EMU）协调经济政策	提高就业率和降低失业率	避免社会排斥和抵御贫困	社会保障政策的可持续发展和公平对待	增强竞争力和信息系统（ICT）引入	增强竞争力和革新
仲裁机制	同行压力和负面宣传；预算赤字罚款	同行压力和负面宣传	同行压力和负面宣传，标准化	同行压力	同行压力	同行压力	同行压力和负面宣传；优秀成果标识
学习机制	信息交换；委员会同济评议和审查	标准化；信息交换；同行评议和审查	标准化；同行压力；信息交换；委员会同行评审	标准化；信息交换；委员会同行评议和审查	信息交换；委员会同行评议和审查	标准化；信息交换；专家工作组评审	标准化；信息交换
投票程序	年度报告和回顾；QMV	年度报告和回顾；QMV	年度报告和回顾，QMV	两年一个周期	三年一个周期	年度报告	年度报告

续表

政策领域	预算政策	宏观经济政策	就业政策	社会融入政策	养老金改革	信息社会	科研和创新
欧盟委员会的角色，EP	委员会草案报告和监测	委员会草案报告和监测	委员会草案报告和监测，EP 咨询	委员会草案报告和监测	委员会草案报告和监测	委员会草案报告和监测	委员会草案报告和监测
非政府组织参与	不直接参与	不直接参与，通告，社会公众参与的科隆过程	在欧盟和国家层面的社会公众参与情况	公众参与欧盟组织；NGOs；宪法鼓励参与	不直接参与	欧盟的信息化；产业和公众参与到特定领域	不直接参与

资料来源：Susana Borras and Kerstin Jacobsson，"The Open Method of Coordination and New Governance Patterns in the EU"，*Journal of European Public Policy*，April 2004.

第四节　欧洲 32 国
——开放性协调机制

一、"开放性协调机制"的引入

（一）欧盟层面的大力推广

"开放性协调机制"（The Open Method of Coordination，OMC）作为欧盟治理的一项重要工具始于 2000 年 3 月召开的里斯本峰会，但其产生过程却经历了卢森堡进程、加的夫进程、科隆进程等一系列由零星的治理理念不断系统化的探索过程。[①] 在里斯本峰会上，欧盟委员会提出了"里斯本战略"，即未来 10 年把欧盟建设成为"世界上最具竞争力和活力的知识经济体，实现欧洲经济可持续发展的同时，创造更多、更好的就业机会，并增强社会合作"。[②] 同时，里斯本战略决定将"开放性协调机制"方法作为一种新方法引

① http：//www.sieps.se/publ/rapporter/bilagor/20031.pdf.2008-03-14.

② Lisbon European Council 23 and 24 March 2000：http：//www.europarl.europa.eu/summits/lis1_en.htm.

入到欧盟治理模式中，并广泛应用到社会发展的各个领域，以更融洽的方式实现欧洲总体目标（见表 2-2）。就社会保障而言，里斯本峰会强调要重视养老保险制度的长期可持续发展，加强成员国间的合作，简化社会保障协同的流程，推动社会包容性增长，力求到 2020 年实现“社会保障的现代化”。“开放性协调机制”在跨区域转移就业领域的成功应用，得到了欧盟成员国的肯定和热捧，并逐渐引入到社会福利和养老政策等“内政敏感”领域的治理过程中，运作过程包括制定行动方针、设置比较基准、制定具体发展目标及行动措施、定期监管及相互学习四个步骤，突出了竞争与合作的关系，缓解了社会保障一体化与个性化的矛盾[①]。

（二）“社会保障对接条例”的不适性增强

2004 年 5 月，欧盟开启了东扩南拓的进程，中东欧国家陆续加入欧盟，新加入的成员国和老成员国之间在经济社会发展水平、社会保障水平和劳动市场发育等方面相差悬殊，对欧盟养老保障制度领域的现有制度衔接政策和规制显现出“向你看齐”的不适应局面，也对欧盟各国市场经济和劳动力市场的公平竞争造成较大冲击。[②] 尤其是随着“就业市场一体化计划”的逐渐深化，欧盟区域内跨国转移就业劳动力不断增加，劳动力的大量西移和就业市场一体化之间的冲突不断加重，成员国之间在养老保障领域的“跨国对话”和“合作协调”需求日益增大。据国际劳动组织统计，2010 年欧盟区域内有 1.05 亿流动人口，其中每天有 100 万人在欧盟境内流动，大约每年有 25 万人要在一个以上的成员国工作，并需要相应的养老金输出。[③] 就养老保险制度而言，各国多样化的养老保险制度模式和差异明显的宏观政策，使得现行的“社会保障对接条例”无法在“穷国”和“富国”之间实现养老金转移的权益平衡，更难以缓解各国劳动力成本竞争不公平的局面，迫切地需要一项能有效协调成员国之间养老金问题的治理措施。与此同时，各成员国都十分看重养老保障等社会政策的决策权，更不愿意进一步把养老保障决策权限让渡给欧盟，使得欧盟层面很难通过“自上而下”的“硬性”治理模

① 赵叶珠、胡世君：《欧盟治理的新工具——开放式协调法的特点及应用》，《科学与管理》，2009 年第 2 期。

② 王晓东：《从“社会保障对接条例”到“开放性协调机制”——欧盟养老保险区域一体化经验及启示》，《现代经济探讨》，2013 年第 12 期。

③ Coordination of Social Security Systems in the European Union：An Explanatory Report on EC Regulation No 883/2004 and Its Implementing Regulation No. 987/2009，ILO，2010.

式实现各国养老保险制度的一体化。在此背景下，继续沿用“社会保障对接条例”解决跨国流动者养老保障问题已不是长远之计。相比之下，2000年里斯本会议引入的“开放性协调机制”则开启了成员国间相互影响、相互学习的“软性”治理模式，是解决跨国流动者养老保障衔接问题的有效模式，更有利于成员国在养老保险政策领域的合作和趋同。[①]

二、“开放性协调机制”的创新之处

（一）“开放性协调机制”及其特征

“开放性协调机制”，也可称为“开放性协调法”，该协调办法旨在组织一个如何应对共同挑战的学习过程，它以实现欧洲总体目标为导向，强调尊重成员国政策的多样性，加强欧盟民主的合法性。[②]“开放性协调机制”的典型特征是民主参与和政治性参与之间的博弈，是合作与竞争的平衡，是个性化与一体化的较量。到2005年，作为一种“软性”治理模式，它被应用到社会融入、养老保险以及保健和长期照护等社会政策领域。在养老保险领域，它不追求在欧盟层面上制定和实施统一的、有法律约束力的养老保险制度标准或政策框架，而是强调通过求同存异、互相学习、促进共识和同济审核等干预过程，帮助成员国实现社会保障政策的渐进式趋同。依据研究目的，本书只关注“开放性协调机制”在养老保险制度领域的应用问题。

养老保险“开放性协调机制”的整体目标[③]：

第一，约定欧盟层面上的养老保险政策目标，渐进式地推进各成员国养老金政策的趋同。

第二，制定欧盟层面统一的行动方针，列出成员国实现短期、中期以及长期目标的时间表，重点要保证养老金财务体系的可持续性。

第三，各成员国要定期向欧盟委员会提交本国养老金改革和发展战略的年度报告。

第四，由各成员国组成的同济评审会，对提交的养老保险发展报告展开

---

① Trubek, D. and Trubek, L. “Hard and soft law in the construction of Europe”. Paper presented at the workshop “Opening the Open Method of Co-ordination”, 2003 (6): pp.4-5.

② Natali, D: The open method of coordination on pensions: Does it de-politicise pensions policy? *West European Politics*, 2009, 32 (4): pp.810-828.

③ Lisbon European Council 23 and 24 March 2000: http: //www.europarl.europa.eu/summits/lis1_en.htm.

互相监管和评估比较。[①]

（二）"开放性协调机制"的创新之处

相对于传统的欧盟治理方式，"开放性协调机制"具有许多新颖之处。具体如下：[②] 第一，在法律角色方面，"开放性协作机制"没有清晰地界定规则制定和实行之间的界限，准则的制定和成员国实施之间不具有强制性。[③] 欧洲法院、欧洲议会在此过程中只是政策的制定者，而不是"运动员"或"裁判员"。第二，在求同存异方面，"开放性协作机制"为欧盟及其成员国创造了一个政策协商的和谐氛围。一方面，欧盟层面制定了统一的政策目标要求成员国遵照执行；另一方面，它也允许成员国参与决策过程以加强合作意愿。欧盟未强制各个成员国执行统一的政策，而是允许他们在各自制度下实施适合国情的政策，通过对"共同目标"执行情况的考核最终使各国的政策结果趋同。第三，在执行程序方面，为确保相互监督和学习，欧盟在开放性协作机制中首次运用年度循环程序，使每个成员国时常感受到来自其他国家的压力，进而全力改进本国的制度措施。第四，在参与性方面，该机制由成员国政府以及民间组织代表等共同参与，以此来加强欧盟政策的正当性以及有效性。第五，在政策学习方面，"开放性协作机制"强调由下而上的知识积累，希望所有参与者都能分享本国的实践经验，促成互相观摩、彼此学习和比较的机会。第六，在政策关联性方面，欧盟的经济与货币整合过程带来了很多新的课题，使得欧盟意识到必须加强各种政策的协调作用，同时也要注重欧盟决策与成员国政策的关联性。

但是，"开放性协作机制"作为一种新的治理模式，它并不是要彻底取代以往的共同体方法或是以条约为基础的协议，而是补充"硬性"治理模式

① Jonathan Zeitlin："Introduction：The Open Method of Coordination in Question"：http：//eucenter.wisc.edu/OMC/Papers/EUC/JZPP/introduction.pdf.

② Youri Devuyst："The Community Method After Amsterdam"，Journal of Common Market Studies，Vol.137，No.1，1999，pp.109–120；Dermot Hodson and Imelda Maher，"The open Method as a New Mode of Governance：the Case of Soft Economic Policy Co–ordination，" Journal of Common Market Studies，Vol.39，No.4（Novemeber 2001），pp.719–746；Burkard Eberlein and Dieter Kerwer，"New Governmence in the European Union：A Theoretical Perspective，" Journal of Common Market Studies，Vol.42，No.1（March 2004），pp.121–142；Susana Borras and Kerstin Jacobsson，"The Open Method of Co–ordination and New Governance Patterns in the EU，" Joural of European Public Policy，Vol.11，No.2（April 2004），pp.185–208.

③ Erika Szyszczak，"Experimental Governance：The Open Method of Coordination，" European Law Journal，Vol.12.No.4，July 2006，pp.486–502.

的不足之处，协助处理传统方法不易涉及和处理的领域，比如就业、养老金以及卫生服务等一些敏感领域。

三、"社会保障对接条例"的修订及补充

里斯本战略目标之一是欧盟成员国通过研发和技术创新，实现欧盟向知识经济和信息化社会转型。[①] 在社会保障现代化的进程中，理事会于 2004 年 4 月颁布了《欧共体 883/2004 号条例》[②]，于 2009 年 2 月颁布了它的实施条例《欧共体 987/2009 号条例》[③]，分别取代《欧共体 1408/71 号条例》[④] 和《欧共体 574/72 号条例》。新条例被称为"现代化的欧盟社会保障协调机制"，它们简化和提升了欧盟法令，改善了个人的社保权益。从内容上而言，开放性协调机制取代了内容庞杂，程序复杂的《欧共体 574/72 号条例》[⑤]，简化和明确了成员国社会保障制度的欧共体协调机制，同时还建立了成员国社保职能机构数据的电子交换制度，即"社会保障信息电子交换系统"(Electronic Exchange of Social Security Information，EESSI)，逐步代替纸质形式的"E 表格"（见图 2-4）。[⑥] 除在极个别情况下，《欧共体 1408/71 号条例》不再适用。新条例于 2010 年 5 月 1 日生效。

总体上看，欧盟开放性社会保障协调机制的基本原则并未发生本质性变

---

① Clementina and Monica：The Lisbon Strategy：http：//www.ipe.ro/rjef/rjef1_06/rjef1_06_6.pdf.

② Regulation（EC）No.883.2004 of the European Parliament and the Council of 29 April 2004 on the Coordination of Social Security Schemes；Regulation（EC）No.987/2009 of the European Parliament and of the Council of 16 September 2009 Laying down the Procedure for Implementing Regulation（EC）No.883/2004.

③ Regulation（EC）No.987/2009.

④ 欧盟委员会对《欧共体 574/72 号条例》最近一次修改是 2009 年 3 月 2 日，变更为《欧盟委员会 120/2009 号条例》：http：//eur-lex.europa.eu/legal-content/EN/ALL/? uri=CELEX：32009R0120。

⑤《欧共体 547/72 号条例》及其升级版至今仍然有效，主要为确保法律的制度的稳定新，适用于特定欧共体行为和协议。

⑥ 即"A new compulsory system of exchange of social security information" or "Electronic exchange of social security information"（EESSI）。国家间的社会保障信息文档通过使用"结构性电子文档"(Structured Electronic Documents)。这些电子文档可由欧盟委员会托管的 EESSI，直接送达目的国家。社会保险经办人员可以通过成员国经办机构目录（the EESSI Institution Directory）直接找到某一国家的指定经办机构。目前，欧盟尚未形成统一的社会保障信息电子交互系统，多数交流是通过纸质版文书传递。详见欧盟委员会社会保障电子交互系统：http：//ec.europa.eu/social/main.jsp?catId=869。详见 Article 76-78 of Regulation（EC）No. 883/2004。

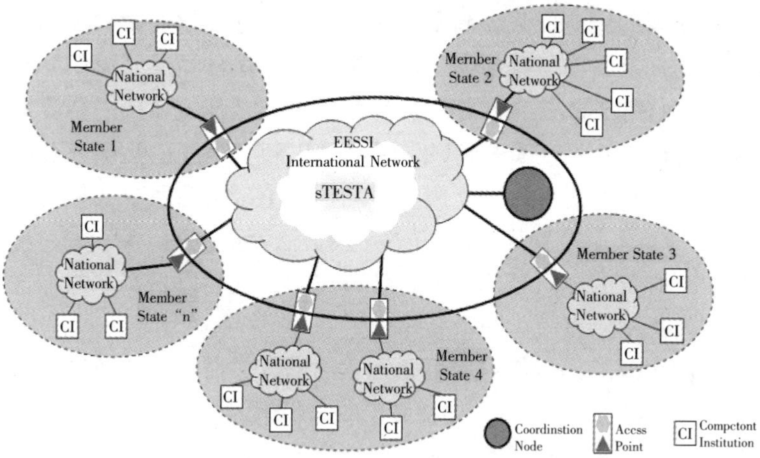

图 2-4　欧盟社会保障信息电子交换系统体系结构图（EESSI）

资料来源：Jozsef Hajdu，Electronic Exchange of Social Security Information，University of Szeged Hungary，3 April 2012。

化，但是为了实现社会保障的现代化管理和操作程序的简单化，新条例在旧条例的基础上取得了显著性改善。具体如下：第一，扩大了社会保障的人员覆盖范围。《欧共体 883/2004 号条例》将覆盖人群包括欧盟各成员国的所有国民（不具备跨国因素的除外），这意味着不仅雇员、自主经营者、国家公务人员、学生等可以获得协调机制的保护，甚至包括“在成员国居住，并受一个或多个成员国立法管辖的无国籍人员或难民，及其家庭成员和遗属（但仍有一些例外）等非经济活动人员”。[①] 从这一角度来看，欧盟社会保障开放性协调机制，不再单纯地从经济角度出发，突破了经济上的“活跃”人口标准，这不仅有利于人员自由流动的实现，也意味着欧盟社会保障协调机制更加重视“非歧视”和“平等对待”等基本原则。第二，社会保障开放性协调机制涵盖的保障种类有所扩大。新条例不仅适用于医疗保险、工伤保险、职业病、家庭救济、丧葬补贴和养老金等所有传统的社会保障分支，它还将退休前救济（Pre-retirement Benefit）首次引入到社会保障领域，进一步保障了自由流动人员的社会福利。[②] 这意味着参保人的养老保险权益得到了保障，

---

① Regulation（EC）No.83/2004 of the European Parliament and of the Council of 29 April，2004：http：//eur-lex.europa.eu/LexUriServ/LexUriServ.do? uri=OJ：L：2004：166：0001：0123：en：PDF.

② Article 33 of Regulation（EC）No. 883/2004.

而且参保人家属的养老保险权利不受参保人工作地变化的影响。第三，简化了人员划分的标准，而且减少了适用减损规则的例外情况。第四，修订了有关失业保险的特殊条款，包括跨国转移就业者在其他成员国的待业期（可由3个月延长到6个月）申领失业保险津贴的权利。第五，改革社会保障行政管理程序，尤其是鼓励成员国使用统一结构的电子交互系统，尽量简化《欧共体547/72号条例》中复杂且冗长的处理程序，缩短社会保障关系转接的时间，并减少不必要的中间环节以节省转移成本，从而以更有效的方式向自由流动的欧盟公民提供最大化的社会权利。

当然，此次改革也有一些不尽如人意的地方，如退休前救济不能积累的问题等，这些仍需要进一步的改进可见，“开放性协调机制”下的社会保障条例总体上是成功的，它基本上实现了社会保障现代化和操作程序简单化等目标。但是，鉴于社会保障立法的复杂性，以及欧洲一体化的“进两步，退一步”特征，《欧共体883/2004号条例》仍不失为欧盟社会保障立法协调史上的一项进步。

第五节　本章小结

综上所述，欧盟各国社会保障协同机制的形成、发展和不断完善不是一蹴而就的过程，它是欧盟成员国不断让渡自身权益，共同努力的结果。欧盟社会保障协同的共同目标是保障流动劳动力的基本社会福利，促进人员在欧盟区域内的自由流动，进而建立区域内大一统的劳动力市场。总体上看，立法形式的协同是欧盟社会保障协同的基础。从历史的角度看，欧盟社会保障协同发展过程，大概可分为三个阶段：第一阶段，从20世纪50年代初到20世纪60年代末，欧盟社会保障临时协议阶段。在这一阶段，欧洲委员会拓展了成员国间的双边和多边协议，并在此基础上颁布实施了欧盟社会保障临时协议。临时协议的实施，是欧盟社会保障协调机制向前迈出的第一步。随着欧盟一体化的纵深推进，临时协议天生的局限性（如暂时性、不可操作性等）决定了其必然被代替的命运。第二阶段，从20世纪70年代初到21世纪初，欧盟15国的社会保障对接条例和欧盟社会保障公约的推广应用阶段。1971年“欧盟社保法令”和1972年《欧盟社会保障公约》陆续签署，并在成员国间不断推广应用，其中养老保险待遇的“分段计算，累计支付”等协调方法，一定程度上解决了跨国转移就业劳动力的养老保险关系的便携性问题。尤其是《欧盟社会保障公约》的颁布实施，它是欧盟社会保障协调发展的巨大进步。第三阶段，21 世纪初至今，“开放性协调机制”在欧盟社会保障领域应用的阶段。2000 年，里斯本战略总体目标规定，欧盟要通过科技创新和研发创造等政策工具，实现向知识经济和信息社会的转变，并引入一种新欧盟治理模式“开放性协调机制”。在欧盟社会保障现代化的过程中，开放性协调机制被逐步应用到了养老保险领域，通过简化程序、小组学习、互相监督等干预手段，促进各国养老保险制度的规范化、标准化和电子化，欧盟以养老保险为核心的社会保障协调机制逐步走向了成熟。至此，欧盟社会保障协调机制经过近 60 年的发展，已基本解决了区域内流动人员的养老保险对接问题，为世界各国流动人员养老保险关系的转移接续提供了成功的典范。

第三章 “开放性协调机制”在欧盟养老保险领域的应用

2000 年，里斯本战略的总目标之一，是将“开放性协调机制”引入社会发展的各个领域。[①] 2001 年，欧盟委员会拉肯峰会（the Laeken Summit）[②] 决定，将“开放性协调机制”引入社会包容和养老保险领域，并作为一种“自愿性自我评估程序”协助成员国加速养老保险制度改革，在确保养老待遇充足的情况下实现制度财务的长期可持续，以应对社会需求变化所带来的各种挑战。[③] 为了实现“社会导向型”政策和“经济导向型”政策之间更加一体化，斯德哥尔摩和歌德的欧盟成员起草了一份联合报告。第一份联合报告，只提出了一套广泛的共同目标和方法。[④] 2004 年 5 月 1 日，欧盟进行了自 1957 年以来最全面的扩张，吸纳了 8 个中东欧国家以及马耳他和塞浦路斯加入。[⑤] 欧盟成员国之间养老保险的协调面临着一个严峻的挑战，新老成员国在税率、社会支出水平、社会转移支付和公共服务等领域差距明显，尤其是各国养老保险制度模式和政策等方面的差异深深扎根于各国的文化和偏好选择中，这些使得跨国就业人员的养老保险常常处于中空状态，各界促进养老保险一体化的诉求愈加强烈。到 2005 年，社会融入、可持续的养老金制度以及医疗保险和长期照护三个领域合并为一个独立的社会开放性协同

---

① Lisbon European Council 23 and 24 March 2000：http：//www.consilium.europa.eu/en/uedocs/cms_data/docs/pressdata/en/ec/00100-r1.en0.htm.

② The Laeken Summit -A Milestone for Europe：http：//www.euractiv.com/future -eu/laeken -summit -milestone-europe/article-117058.

③ Jürgen Kohl & Tobias Vahlpahl：The‘Open Method of Coordination’as an Instrument for Implementing the Principle of Subsidiarity?：http：//www.eurosfaire.prd.fr/7pc/doc/1185174453_omc_kohl.pdf.

④ Joint Report From the Commission and the Council——“Increasing labour force participation and promoting active ageing”：http：//europa.eu/epc/pdf/envir02_en.pdf.

⑤ The Treaty of Accession 2003：http：//ec.europa.eu/enlargement/archives/enlargement_process/future_prospects/negotiations/eu10_bulgaria_romania/treaty_2003/content/index_en.htm.

机制。养老保险开放性协调的战略总目标是提供足够多且可持续的养老金（见表 3-1）。具体目标如下[①]：第一，根据代际公平团结的精神，保证向退休人员提供足够保持其退休生活标准的养老金；第二，在合理公共财政的背景下，确保公共养老保险计划和私人养老保险计划的财务可持续性，尤其是要支持制度的长期运行和人口老龄化的快速增长，以此实现养老金收支平衡，进而达到社保资金和私人养老计划的安全等目标；第三，确保养老保险计划的公开透明性，更好地满足人们的需求和社会保障现代化的要求，适应人口老龄化和人口结构调整等现实问题。如此一来，人们可以根据已获取的信息合理地安排退休计划，并通过广泛的讨论达成共识。经过近 10 年的发展，“开放性协调机制”的实用价值也逐渐被欧盟成员国认可，比如该协调机制鼓励成员国间的相互学习，支持利益相关人参与范围的扩展，并竭力推动社会保障体系的现代化等理念。[②] 随着各成员国对养老保险开放性协调机制的应用，利益各方都在竭力对抗各种社会挑战，并不断调整社会保障体系以适应新的社会形势。此外，为适应养老保险“开放性协调机制”，2010 年 5 月 1 日欧盟委员会正式颁布实施了一套新的社会保障对接条例，即《欧共体 883/2004 号条例》[③] 及其执行程序《欧共体 987/2009 号条例》[④]。新社会保障对接改进的焦点是如何保证社会保障关系对接更有效率、更便捷，期间最重要的是强制引入了“社会保障信息电子交互系统”。[⑤]

表 3-1　开放性协调养老保险制度的共同目标

总目标	具体目标
充足的养老金	预防社会排斥
	使社会成员维持最基本的生活标准
	促进代际之间和代内不同人群之间的有机协作

① European Method of Coordination：http：//www.socialinclusion.ie/activities_eu.html.

② K. P. Goudswaard and B. Van Riel：Social Protection in Europe-Do We Need More Coordination?：http：//media.leidenuniv.nl/legacy/kpg-2004-06.pdf.

③ Regulation（EC）No. 883/2004：http：//eur-lex.europa.eu/legal-content/EN/TXT/PDF/? uri=CELEX：02004R0883-2013010.

④ Regulation（EC）No. 987/2009：http：//eur-lex.europa.eu/LexUriServ/LexUriServ.do? uri=OJ：L：2009：284：0001：0042：en：PDF.

⑤ Electronic Exchange of Social Security Information（EESSI）：http：//ec.europa.eu/social/main.jsp?catId=869.

续表

总目标	具体目标
养老金制度的财务可持续性	提高就业率
	延长工作时间
	在合理的财政政策背景下，实现养老金制度的财务可持续
	平衡养老保险收支
	确保私人养老保险金充足且财务状况良好
实现养老保险金制度的现代化，以此应对不断变化的经济社会需求和个人需求	适应更灵活的就业和职业模式
	实现男女平等对待
	促使养老金制度更加透明，并适应不断变化的社会环境

资料来源：David Natali：The Open Method of Co-ordination on Pensions：EU Common Knowledge Production in a nationally-rooted policy，University of Bologna-Forli，Italy，2001.

第一节 欧盟“开放性协调机制”养老保险政策的解读

基于欧盟的一体化，欧盟实行了“开放性协调机制”的养老保险政策，其机理是由成员国共同组建一个虚拟的“养老保险政策学习小组”，利用同济评审等群体压力，促使各成员国的养老金政策向欧盟确定的目标模式靠拢，从而实现各成员国养老金政策的渐进式趋同。具体政策内容如下[①]：

一、确立渐进式趋同的养老保险政策目标

欧盟养老保险政策的最终目标是在欧盟范围内实现一体化。但是，在各国经济水平和制度标准差距较大的情况下，欧盟并未出台适合每个国家的“特定目标”，而是起草了高标准的“指导方针”，允许各成员国根据国情制定具体的行动方案。[②] 欧盟养老保险协同目标政策规定，无论成员国现有的

① Working together，working better：A new framework for the open coordination of social protection and inclusion policies in the European Union，Commission of the European Communities，COM (2005)，706.

② Working Together，Working Better：A New Framework For the Open Coordination of Social Protection and Inclusion Policies in the European Union：http：//ec.europa.eu/employment_social/social_inclusion/docs/com_2005_706_en.pdf.

养老保险制度差异多大，首先，必须保证老年人获得保障最低生活标准所需的资金收入。其次，要为所有的社会成员提供可供选择的、适当的养老保险计划方案，而且最好能提供一些组合方案，保证他们在退出劳动领域时，可以获得适当的养老保障。最后，在养老保险制度设计中，要妥善安排代际之间以及代内不同人群的养老责任分担机制问题。对于实行现收现付制养老保险制度的国家而言，不能为了满足已退休人员的养老金而加重在职人员的缴费负担。每个社会成员都能在退出劳动领域后，得到适当的养老产品。此外，欧盟规定各成员国在执行上述规定时要积极寻求合作，并在规定的时间表内逐步实现养老保险政策的趋同。

二、建立科学合理的养老保险财务机制

为了保证向社会成员提供足够的养老金，欧盟选择了一种可持续的养老保险财务机制，具体措施包括①：第一，通过提高就业率，延长工作年限等办法，夯实养老保险的缴费基础。对于缴费型养老保险而言，养老金缴费的资金与工资水平挂钩，劳动者拥有稳定的工资收入，是增强养老保险缴费的动力源泉。为此，欧盟国家通过多种途径扩大劳动者就业，以此缓建养老金的支付压力。对青年人，欧盟通过积极的人力资源市场改革和教育培训等方式，增加青年人的就业机会。对于老年人，欧盟通过鼓励老年人延迟退休，或者再就业的方式，以此增加老年人的收入，进而节约养老金的支出。第二，改革养老保险制度，规范养老金的筹集、运营和支付等。从公共财政责任角度，欧盟各国要合理安排非缴费型养老补贴金的配比，降低政府财政负担；养老保险基金累计额，如何科学管理、合理支付，如何实现保值增值是养老保险基金的一项重要内容。此外，欧盟通过对各成员国人口老龄化的测算以及财政体制的考察，做出了合理的资金运营建议与规范，引导它们逐渐走向养老保险基金财务运作的一体化。

三、加快养老金制度的现代化建设步伐

欧盟大力推动各成员国扩大创新和信息革命，实现国家向知识经济时代

① 详见各国养老金国家战略报告。

转型。就养老保险而言，加速制度的现代化建设，是应对不断变化的经济社会需求和个人需求的必然选择。欧盟规定，各成员国在养老金制度设计时要充分考虑劳动者就业的灵活性和就业模式的多样性，确保不同职业人群的养老保险制度覆盖面。就跨国就业人员而言，各国要通过规范流动劳动力的暂时冻结、累计计算和分段支付等多种手段，提高养老金的便携性。此外，欧盟向公众开放养老保险金信息查询系统，一方面可以提高养老金统计数据的标准化，方便养老金的跨境结转；另一方面每个公民都可根据自身输入的特定信息，全面了解养老金的累计额、月领取额和基金的运营管理等相关信息。①

专栏　欧盟成员国法定养老保险计划的关键改革

2006 年，绝大多数欧盟成员国实施了以收入挂钩的法定养老保险计划改革。其中，最低缴费年限制定要考虑养老金计算公式、养老保险缴费责任、过去工资水平的贬值水平（不贬值、价格贬值或者两者混合）以及养老金的指数化水平。同时，各成员国的法定退休年龄变化明显，且随着养老保险计划的改革而不断调整。此外，以德国、法国、奥地利、芬兰等为代表的现收现付制国家，以波兰、瑞典、拉脱维亚等为代表的 NDC 制国家和所有的缴费确定型国家等，它们均在其法定养老保险计划中引入了人口调整因子，如未来人口变动趋势和预期寿命的增长趋势等。因此，一些成员国通过采取激励措施鼓励人们延迟退休以便与预期寿命相匹配，提供获得足够养老保险待遇的机会。可以肯定的是，各国养老保险制度的基本变革，可能会带来相似的结果。

资料来源：O. Bontout，G.. Fischer：European Pension Reforms，June，2007：http：//www.cef-see.org/pension_reform/Bontout%20_European%20Pension%20Reforms_.pdf.

四、要求各成员国提交本国养老保险发展报告

为实现欧盟养老保险的最终一体化，并从宏观上把握养老保险一体化进

① Electronic Exchange of Social Security Information（EESSI）：http：//ec.europa.eu/social/main.jsp?catId=869.

程，欧盟要求各成员国在已达成的共同目标下，结合本国实际国情，论证、提交本国的养老保险发展战略报告。根据拉肯峰会的目标，欧盟成员国要分别于 2002 年和 2005 年提供两轮“养老保险国家战略报告”（National Strategy Reports for Pensions，NSRS）。[①] 到 2006 年，欧盟委员会将各国养老保险和社会融入的分项报告整合为一个报告（见表 3-2），并由委员会秘书处签署成册，由养老保险报告和附录（即成员国养老金发展概括及横向比较）构成。根据《2005 年养老金国家战略报告指导手册》规定，成员国提供的国家战略报告由四部分构成，且不得超过 65 页，具体如下[②]：第一部分，概述和国家整体信息介绍，其中，社会总体情况评估 4 页，总战略方法约 5 页，合计共 10 页；第二部分，社会融入国家行动计划，内容涵盖以前年度战略报告的总结回顾以及挑战，最优政策目标，更好的监管和附录等，共 20 页；第三部分，养老保险国家战略报告，内容涵盖本国养老保险的现行制度安排和未来可持续养老的策略规定，为实现欧盟养老保险制度财务可持续性以及社会保障现代化等目标所要采取的政策措施以及对养老保险的改革的政策建议，共 20 页；第四部分，医疗保险和长期照护国家战略报告，由关键挑战、医疗保险部分、长期照护部分和附录四部分构成，共 15 页。总体来说，欧盟战略报告除包括社会融入、养老保险等改革的详细规划之外，还包括与各项改革相关的其他配套改革措施，对其合理性与可行性给出详细的论证。同时，此报告还要求提供相关的数据，以便对该国实现相似目标的进程进行评估。[③]

五、年度养老保险发展报告的同济评审

欧盟各国是否严格执行了报告中所说的政策方案与改革措施，需要通过

① The Laeken Summit：http：//www.businesstoday.com.mt/2001/1219/focus.html.

② Preparation of the 2005 National Strategy Reports on Adequate and Sustainable Pension -Guidance Notes：http：//www.socmin.lt/en/preparation-of-the-321p.html.

③ Joint report of the Social Protection Committee and the Economic Policy Committee on objectives and working methods in the area of pensions：applying the open method of coordination，European Economy. Economic Papers. November 2001：http：//ec.europa.eu/economy_finance/publications/publication_summary6584_en.htm.

制度评估来检验。[①] 欧盟采取的评估形式有两种：一是欧盟委员会和欧盟理事会根据一定的指标，给各国的养老金战略报告打分，并据此对各国的表现进行排名。二是由成员国的养老金政策制定者对另一国的养老金战略报告进行评议。通过评估，第一，可以让欧盟委员会及时了解各国养老保险动向，对改革偏离欧盟养老保险一体化的国家给予提醒，也可以对各国养老保险改革措施进行全方位的比较，号召其他国家借鉴这些国家的成功经验。第二，欧盟委员会通过对各改革项目的打分，会把评估结果公布于众，这样，无疑会对排名靠后的国家形成一定的压力，它们会出于国家形象以及本国人民福利的考虑，积极采取改进措施，以此推进欧盟养老保险一体化。但是不支持制裁的可能性。

值得注意的是，2007~2013 年欧盟层面还专门成立了“就业和社会革新项目”[②]，包括就业和社会稳定发展项目（Progress）[③]、欧盟就业服务项目（EURES）[④] 和小额信贷发展项目（Progess Microfinance）[⑤] 三个子项目，该项目每年向欧盟社会革新活动合计提供 100 万~140 万欧元。2014~2020 年“就业和社会革新项目”预算总支出 91946.9 万欧元，向就业和社会稳定发展项目提供 61%的基金支持，其中 50%用于“开放性协调机制”推广等社会政策实验，占总项目基金额的 15%~20%，而小额信贷发展项目和欧盟就业服务项目分别占 21%和 18%。[⑥] 2012 年，欧盟委员会还发起了两个倡议项目，即养老保险权益跨国转移实验项目（预算基金 75 万欧元）和支持成员国养老保险制度模式化改革项目（预算基金 250 万欧元），2013 年 6 月选择性执行项目正式启动。可见，欧盟层面对“开放性协调机制”在养老保险等领域推广应用的财政支持力度是极大的。

---

① A Guidebook for Peer Reviews of National Sustainable Developent Strategies：http：//ec.europa.eu/environment/pdf/nsds.pdf.

② EU Programme for Employment and Social Innovation：http：//ec.europa.eu/social/main.jsp？catId=1081&langId=en.

③ PROGRESS programme（2007~2013）：http：//ec.europa.eu/social/main.jsp？catId=987&langId=en.

④ EURES：https：//ec.europa.eu/eures/page/homepage；EURES_PORTAL_SESSIONID=B9rR-wzFv2wc4-mos-CV0y7ypQ7X0cIMnwF_ai40loHZ7dePOnq6T！892041777？lang=en.

⑤ Progress Microfinance：http：//ec.europa.eu/social/main.jsp？catId=836&langId=en.

⑥ The Employment and Social Innovation（EaSI），New EU Umbrella Programme for Employment and Social Policy，European Commision，Nov. 2013.

第二节　欧盟养老保险关系的开放性协调办法

一、基本原则

根据《欧共体 883/2004 号条例》规定，欧盟养老保险关系协调的基本原则是单一国原则、非歧视性原则（或称“国民待遇原则”）、聚积（或累积）原则、可输出原则和按比例分配原则。[①] 从本质上看，与《欧共体 1408/71 号条例》的基本原则内容基本相同，下文只对部分已修改和完善的原则加以说明。

（一）单一国原则

所谓单一国原则，是一种“适用立法的确定原则”，是指跨国转移就业劳动力在任何时候只适用于一个成员国的社会保障制度体系，一旦适用法律制度确定下来，就要按规定缴纳保险费，并根据该法领取相应的社会福利待遇。[②] 另外，根据“社会保障对接条例”规定，雇员及自雇者必须根据工作地原则来选择社会保障关系的归属地，而不论他们的居住地在哪里。因而，跨国就业劳动力要以工作地社会保障体系作为唯一的适应的法律体系，例如法国罗西居住在法国，他在法国工作 7 年后，35 岁时转移到比利时工作，工作地从法国转移到了比利时，但居住地未变，因此罗西不能再享受法国的现金福利待遇，而长期福利待遇暂时被冻结，他的社会保障关系被强制性转移到比利时。

特殊情况可以例外，包括员工外派情况（案例 1）[③] 和跨国就业劳动力同时受雇于两个以上成员国（案例 2）[④]。案例 1，当在 A 成员国工作的雇员被派遣至 B 成员国代表雇主执行任务，则该雇员的养老保险关系仍纳入派出国

① Regulation（EC）No. 883/2004：http：//eur-lex.europa.eu/legal-content/EN/TXT/PDF/? uri=CELEX：02004R0883-2013010.

② Article 11 of the Regulation（EC）No. 883/2004.

③ Article 12 of the Regulation（EC）No. 883/2004.

④ Article 13 of the Regulation（EC）No. 883/2004.

A 国的社保经办管理范围。但是，如果劳动者派出时间超过 1 年，延期需获得临时派出国家主管机构同意，而且延期不能超过 12 个月。对于自雇职业者而言，如果 A 成员国从事某项工作，转移到 B 成员国继续从事同样的工作，且转出时间不超出 24 个月，则该自雇职业者继续在 A 成员国参保。案例 2，如果一个雇员受雇于多个国家，且雇主注册地和经营地分布在不同成员国，则以该雇员参加其固定工作居住地国家的社会保障制度；如果该雇员在居住地没有固定的工作活动，则该雇员需要从雇主注册地或经营地选择一个国家参保。对于自雇职业者，如果其在居住地从事固定工作，则以居住地国家为参保国家，但是如果其在居住地不从事固定工作，则以其职业的利润中心地国家为参保国家。上述规则即有效地降低了流动劳动力重复参保和重复领取养老保金待遇的可能性，也有助于避免陷入社会保障的真空状态。

（二）聚积原则

各国劳动者的社会保障权益与他们在该国的居住期、工作期和缴费期等密切相关。劳动者在享受福利之前必须受资格审查，不同成员国在资格条件和期限上做了不同规定。以领取失业保险的资格条件为例[①]，比利时、希腊、卢森堡、荷兰等国以工作年限为衡量指标；法国、西班牙、英国等以缴费期限为准；奥地利以受保护期为准；德国和瑞典同时以前 1 年半内或者 3 年内，工作期必须达到 312 个或者 624 个工作日为准；而卢森堡则规定失业者在失业前最后一年从事工作 26 周便可领取失业津贴。因此，跨境劳动者一方面可能会因为期限不达标而被工作地国家的社会保险拒之门外；另一方面他们可能更加倾向于到期限要求较低的成员国工作，进而不利于劳动者自由流动的平衡发展。

为了使劳动者在自由流动时社会保障权益不受损，欧盟提出了聚积原则[②]：当审核社会保险福利申请者是否符合必需的工作和居住期限、投保与缴费期限时，该原则要求工作地所在国必须考虑申请者在其他成员国工作期限和投保期限，将其累加后作为参考标准，以便跨境劳动者有权获得相应福利。至于保险期限、工作年限和居住期限等概念仍适用各成员国的规定。

参保期限的累计计算方式。[③] 假设 A 国和 B 国均为欧盟成员国，受欧盟

---

① Article 12-13 of the Regulation（EC） No. 987/2009.

② Article 13 of the Regulation（EC） No. 883/2004.

③ Article 52（1）a and Article 52（1）b of the Regulation（EC） No. 883/2004.

社会保障公约以及社会保障条例的约束。A 国养老保险待遇领取资格以参保人在该国的工作年限为基准，则参保人领取全额养老金的最低工作年限为25 年。B 国以参保人满 16 岁以后在该国的连续居住年限为基准，参保人领取全额养老金的最低居住年限为不少于 25 年。如果某成员在 B 国一直待到18 岁，然后到 A 国工作生活了 42 年，但是就业年限仅为 23 年。那么，该成员在 A 国退休，可领取全额养老金，保险期限为 25 年，即 A 国的 23 年加 B 国的 2 年。

（三）可输出原则

在开放性协调机制下，欧盟居民已经取得的社会福利或者将来有权领取的社会福利应随着他的流动而流动。[①] 具体而言，欧盟劳动者在申请社会保险权利时，某些福利可以从其国籍国或其他工作地国输出，不会因为自由流动而丧失。当劳动者从一个成员国调动到另一个成员国工作时，他本应享受的养老保险等长期福利会被暂时冻结，当劳动者达到领取资格时，这些长期福利将从他曾经工作过的所有国家“同时”输出[②]，他将从所有履行过缴费义务的工作国获益。该原则保留了劳动者已获得的权利，但仅适用于养老金、遗属津贴和残疾金等长期福利。例如，罗西 1970~1977 年在法国某公司工作，并投保法国的养老保险，之后他在比利时的另一个公司工作了 5 年，但仍然居住在法国，这 5 年他没有缴纳法国的养老保险费，而是参加比利时的养老保险。5 年后，罗西又重新回到法国工作，并重新参加法国的养老保险。当罗西达到法定退休年龄时，他将从法国和比利时同时领取养老保险金。虽然罗西在工作期间只能参加一国的养老保险，这并不影响他在以前投保的基础上从两个国家获得养老保险权益。

（四）按比例分配原则

前三条基本原则保证了劳动者获得社会保障权益的基本能力，但是跨境劳动者不同时期在不同成员国投保时应得福利该如何分配呢？按比例分配原则提出了解决办法：跨境劳动者在不同成员国工作时履行了缴费义务，其收益应该依据保费成本进行合理分配。[③] 即每一个成员国按照劳动者在该国保

① Coordination of Social Security Systems in the European Union：An explanatory report on EC Regulation No. 883/2004 and its Implementing Regulation No. 987/2009，ILO，2010.

② 所谓“同时”输出，是相对而言，因为各国法定退休年龄并不相同。

③ Article 25 of the Regulation（EC）No. 883/2004.

险期限的长短按比例支付相关待遇。[①] 该原则只适用于养老金、遗属津贴和残疾金，而不适用于疾病和失业保险等。

综合考虑，上述原则等同于对不同类型的社会福利采用不同的核算办法（见表 3-2）。

（1）缴费型社会福利制度。如以缴费为基础的养老保险、残障金以及失业保险等。累积原则意味着欧盟区域内跨国流动劳动者有权在任何成员国享受已缴费为基础的社会保障。[②]

（2）非缴费型社会福利制度。这类福利制度包括各类非工作相关的社会保障，如以家计调查为基准的社会救助和儿童福利津贴等普享型福利。欧盟公民的居住权，即该公民能够经济自给自足，或者能在本地劳动力市场上找到工作，只要他们不会成为成员国公共资源的“不合理负担”，他们就能享有居住权。否则，求职者就无权获得该成员国的非缴费型社会福利。[③]

（3）特殊非缴费型社会福利制度（SNCBs）。[④] 特殊非缴费型社会福利制度于 1992 年创办，包括家计调查养老金（即缴费型养老金等于最低社会救助水平）和工伤补贴等，旨在阻止成员国输出社会福利。非歧视性养老原则消除了对公民获取社会福利的限制，使欧盟公民享有和本国籍公民一样的社会福利。

表 3-2 欧盟公民的居住权和社会福利

居住年限和就业类型	居住权	非缴费型社会保障（如社会救助、家计调查失业津贴、儿童福利）	缴费型社会保障（如养老金、失业保险）	专项非缴费性社会保障（如附加养老金、补充养老金）	医疗保险
<3 个月	无条件；长达 3 个月	东道国没有义务（但允许）提供	以在各成员国的缴费为基准；由居住国支付	依据“常住地”（不满足要求）	由国籍国报销医疗费用（使用欧盟社保卡）

---

① Article 20 of the Model Provisions.

② 就养老金制度而言，各成员国公民都有养老缴费的义务。就失业保险而言，社保机构必须要综合计算流动人员在其他成员国工作的时间。

③ Annex VI of the Convension；Article 11（3）of the Convension.

④ EU migrants receiving SNCBs in selected EU Member States，2012：http：//epthinktank.eu/2014/06/16/freedom -of -movement -and -residence -of -eu -citizens -access -to -social -benefits/140808rev1 -eu_migrants_receiving_sncb/.

续表

居住年限和就业类型	居住权	非缴费型社会保障（如社会救助、家计调查失业津贴、儿童福利）	缴费型社会保障（如养老金、失业保险）	专项非缴费性社会保障（如附加养老金、补充养老金）	医疗保险
≥3 个月；求职者	取决于就业的真正机会；不包括仅依赖公共政策或社会保障过活的人	取决于就业机会（但是东道国无义务提供“社会救助”）		依据“常住地”	可以在国籍国注册，也可以在居住地国家的私人医疗机构登记注册
≥3 个月；非经济活动者（包括学生、养老金待遇领取者、残疾人等）	依赖于经济自给或医疗保险的覆盖面	有权申请，但也可能丧失公民权（如果是“不合理负担”可以拒绝）	以在各成员国的缴费为基础；由居住地国家管理	依据“常住地”，但是如果是“不合理负担”，可以拒绝	为了保留居住权，绝大多数人在医疗保险的覆盖范围内
≥3 个月；职业人群	就业人员或者求职者；不包括仅依靠社会政策或公共福利过活的人	依赖于就业情况；如果是工作 1 年以上的失业者，则无限期保留居民资格（即工作者应有的资格）；如果工作不足 1 年，则保留 6 个月的居民资格；	以在各成员国的缴费为基础；受居住国的管理	依据“常住地”	可以在国籍国注册，也可以在居住地国家的私人医疗机构登记注册
≥5 年以上者	无条件	国民权	国民权	国民权	国民权

资料来源：EU Directive 2004/38 and European Court of Justice Case Law.

二、跨国养老金发放程序

依据上述原则和具体操作方法，跨多国流动的劳动力如果达到了某一成员国的法定退休年龄，则该流动劳动力有权利按比例享有该成员国的养老保险权益。跨多国流动劳动力的养老金发放程序包括以下四个步骤：提出申请、信息汇总、分配程序、比较支付程序。①

（一）提出申请②

一旦跨国流动劳动力达到法定最低退休年龄后，他首先要向其居住地国

① Article 20 (3) of the Model Provisions.

② Article 8 (2) (c) of the Convention.

家的养老保险经办机构提出申请，申请方式可以是直接向经办机构提供纸质申请书，也可以通过欧盟养老保险信息交互系统提交电子申请，要求养老保险待遇支付相关事宜，申请书涵盖申请人本人工作生活的基本信息，如出生国、工作国、现居住国等。

（二）信息汇总

流动劳动力居住地国家的社会养老保险经办机构在接到申请后，必须收集申请人的姓名、地址、出生日期、社会保险序号等个人信息，以及享受其他福利待遇、支付养老保险银行等情况，并连同申请书一起递交给该劳动力工作或生活过的所有成员国相关社会保险机构。然后，每个相关国家的经办机构要根据该劳动力的基本信息，收集汇总其在本国的工作缴费年限等数据信息，并在规定期限内将信息反馈给居住国的社会保险经办机构。最后，居住国社会保险机构要汇总所有参保国的回复，并向各参保国社会保险机构提供详细的养老保险集合记录信息。

（三）分配程序

根据流动劳动力参加养老保险的整体记录信息，各参保国要分别估算出该劳动力在本国社会保险法下应享有的养老权益，即假设该劳动力的所有缴费记录均发生在本国，按照本国的法律规定，所应支付给劳动力的养老保险待遇总额，然后再综合所有国家的缴费时间计算出本国应支付的养老保险权益比例，即该劳动者在本国的缴费时间与总缴费时间之比。例如，甲流动劳动力分别在德国、法国、丹麦缴费 7 年、8 年、5 年，按照聚积原则甲的总参保缴费年限为 20 年。以德国为例，德国相关的社保经办机构要概算出甲劳动力 20 年均在德国参保，应该支付的养老金待遇总额，然后根据甲在德国的实际参保缴费年限 7 年，计算出实际应支付的养老金待遇配比为 7/20，即 0.35。同理，法国、丹麦的相关养老保险经办机构也要估算本国应向甲劳动力支付的养老金待遇配比分别为 0.4、0.25。因此，甲劳动力最终应领取的养老金待遇总额为：0.35 × 德国 + 0.4 × 法国 + 0.25 × 丹麦。

（四）比较支付程序

在养老金支付程序中，各参保国还需要比较分析两种不同计算法下应向流动劳动力支付的养老金待遇总额，即比较仅按本国社保法律应向流动劳动力支付的养老金待遇额和按比例分配程序应向流动劳动力支付的养老金额，并将数额较高的一项支付给劳动者。例如，一个流动劳动力在丹麦缴纳养老保险费 4 年，在英国缴纳 36 年。根据英国有关规定，如果劳动者养老缴费年限超过35年，那么他就有资格领取英国的最高额养老金待遇。但是，根据分配程序计算该劳动力应享受的社保权益时，英国实际支付给该劳动者的养老保险待遇仅为最高额养老保险待遇的90%（即36/40）。因此，英国应按照比较分配程序向该劳动力支付最高额的养老保险待遇。

三、养老金实际支付额的案例分析

（一）应得养老金额既定的情况

案例1[①]：假设A国、B国和C国均为欧盟社会保障合约国，其养老金待遇领取资格均以就业年限为基准。A国要求最低工作年限为20年，期满后可获得全额养老金800欧元/月。B国要求最低工作年限为15年，期满后可获得全额养老金600欧元/月。C国要求最低工作年限为25年，期满后可获得全额养老金1000欧元/月。甲人在A国工作10年，B国工作5年，C国工作10年。甲人在C国退休，并向相关部门提出养老金领取资格申请。那么，在不考虑个人在三国工资水平和社会保险缴费的情况下，甲人应得养老金的简单计算过程如下：

步骤一，将申请人在各国的工作时间累加，决定其是否有权获得每个国家的养老金。根据甲人的基本参保信息，他在三个国家的累计工作时间为25年，故其有资格按比例领取各国的养老金。

步骤二，理论应得养老金额估算。理论上，甲人可获得养老金合计额为2400欧元/月，其中A国800欧元/月，加上B国600欧元/月，再加上C国的1000欧元/月。

步骤三，计算各国实际应支付的养老金额。甲人在三国的累计工作时间为25年，且参保时间配比为10：5：10。按比例分配原则，A国必须支付的养老金额为10/25×800欧元/月，合计320欧元/月；B国必须支付的养老金额为5/25×600欧元/月，合计120欧元/月；C国必须支付的养老金额为10/25×1000欧元/月，合计400欧元/月。因此，甲人最终共获得养老金总额为840欧元/月。

---

① Jason Nickless and Helmut Siedl：Co-ordination of Social Security in the Council of Europe：Short Guide，Council of Europe，January，2004，p80.

例外，假设 C 国的最大缴费年限为 30 年，而甲人在三国的累计缴费年限为 32 年（即 A 国为 10 年、B 国为 12 年和 C 国 10 年），那么 C 国应支付的养老金配比为 10/30，而不是 10/32。

（二）应得养老金与平均工资水平挂钩的情况

案例 2[①]：在案例 1 的基础上做如下变化。假设甲在 C 国缴费年限超过 25 年时，应得养老金额计算按照他在 C 国缴费年度平均工资水平的 2%核算。如果 C 国的月平均工资为 900 欧元/月，那么甲在 C 国最终领取的月养老金额计算步骤如下：

步骤一，甲的累计工作年限为 25 年，故甲有资格获得 C 国的养老金。

步骤二，估算理论养老金应得额。按照缴费年度平均工资水平的 2%计算，则甲在 C 国可领取的养老金额为 450 欧元/月，即 900 欧元/月 × 2%。

步骤三，计算各国必须支付的养老金额。各国应支付的养老金比重仍然为 10：5：10，则 C 国实际应支付养老金的 10/25，即 10/25 × 450 欧元/月，最终 C 国每月应支付 180 欧元。那么，甲每月领取养老金合计额则为 620 欧元/月。

（三）单一国家参保年限不足 1 年的情况

特殊情况，流动劳动力在缔约国参保期限不足 1 年。[②] 假设甲分别在 A 国工作 5 年，在 B 国工作 2 年，在 C 国工作 10 个月，在 D 国工作 20 年。根据欧盟社会保障公约，参保人在 C 国工作年限不足 1 年，按照缔约国国家法律约定 C 国无须向甲支付养老保险。但是，在汇总参保人的总参保年限时，任一参保国的缴费年限都必须合并计算，故甲的参保年限累计为 27 年零 10 个月（包括 C 国的缴费时间）。当估算甲的理论养老金领取额时，参保国也需要考虑他在 C 国的工作时间，如 D 国应支付的养老金配比约为 20/27.83。

（四）不能完全满足任何一国养老金待遇领取资格的情况

欧盟各国养老保险制度模式差异明显，对于最低缴费年限、法定退休年龄以及调整系数等要素的规定也各有不同（见表 4-12、表 4-13、附表 1、附表 2）。假设，A 国、B 国、C 国均为社会保障缔约国。在 A 国，参保人领

---

① Article 8 (3) and Article 29 (3) (b) (ii) of the European Convension; and Article 30 (1) (1) and (1) (b) of the Convention.

② Article 32 of the Convention and Article 22 (2) of the Model Provisions.

取养老金的基本条件是，最低退休年龄 60 岁，最低缴费年限 20 年。在 B 国，参保人法定退休年龄为 60 岁，最低缴费年限 15 年。在 C 国，法定退休年龄是 65 岁，最低缴费年限是 25 年。甲过 60 岁生日时，他已经在 A 国参保 5 年，在 B 国参保 10 年，在 C 国参保 15 年，并在 A 国结束了 5 年的参保期。在单一国家社会保障法律下，甲无权获得任一国家的养老保险，但是在欧盟社会保障公约条件下，甲可以获得过渡性养老金，如退休前养老金 (Pre-retirement Pension)，一般应得养老金的计算要按照正常退休核算所有的参保年限，包括未达到养老金领取资格的参保年限。[①] 因此，甲的累计缴费年限是 30 年（5+10+15），则他有权领取 A 国和 B 国的养老金，但暂时无权获得 C 国的养老金，A 国和 B 国也要按比例向其支付必须的养老金待遇。例外情况，如果甲满足了两个以上国家的养老金待遇支付条件，则无须累加未满足领取资格的国家的缴费年限。[②]

（五）养老金差额补偿金

如果参保人甲受多国养老保险制度的保护，按照单一国家原则他已满足领取 A 国法定全额养老金待遇，无须依据社保公约的累计原则向 B 国和 C 寻求援助。在这种情况下，B 国和 C 国也要按照本国法律规定核算甲在本国应得的养老金额。如果按照单一原则计算出的养老金所得额高于按照累计原则算出的应得养老金额，则满足单一原则的国家要补足两种算法的差额。[③] 例如，按照累计原则甲可分别从 A 国、B 国、C 国获得 700 欧元/月，300 欧元/月，350 欧元/月，合计 1350 欧元/月。但是，根据 A 国社保基本立法，甲在 A 国获得的全额养老金额为 1500 欧元/月，那么 A 国需要补齐差额，即 150 欧元/月。例外情况，如果按照单一国家原则，甲具备了获取 A 国、B 国，或者更多国家的养老金，养老金差额则由符合条件的国家再按分担比例承担。

① Article 33 (1) (a) of the Convention.
② Article 33 (1) (b) of the Convention.
③ Article 34 (1) (b) of the Convention.

第三节 欧盟养老保险“开放性协调机制”的评价指标体系构建

一、欧盟养老金“开放性协调机制”评价指标体系构建的背景

在欧盟里斯本战略框架下，咨询委员会要制定出一套监督评价各国养老金发展情况的指标体系。因此，社会保障委员会（Social Protection Commission，SPC）及指标分队（Indicators Sub-Group，ISG）于2001年2月制定出一套与养老金“开放性协调机制”共同目标相对应的指标体系。[①] 然而，拉肯峰会提出的11个指标，概念含糊，性质中立，这使得成员国养老金改革的压力较小，实现向科技型养老金制度变革的动力不足。为此，欧盟委员会除要求各成员国按期提供养老金国家战略报告外，还通过一整套制度监测框架跟踪和把脉成员国养老金制度的改革发展状况，最终促使各国养老金制度的渐进式趋同。其中，制度监测框架由一系列科学的、合理的和可量化的指标体系构成，用以检测各成员国养老金适度金额、未来可持续性以及养老金现代化的进程。该指标体系由三个共同指标构成，每个共同指标下还由数个具体指标组成，且每个具体指标又附有详细的指标说明和分组情况等。[②] 按规定，各国的养老金国家战略报告中要涵盖11个一级指标，11个二级指标和5个环境指标（见表3-3）。另外，指标子群（The Indicators sub-group）还准备进一步拓宽衡量范围，增加考核指标。如老年人保险缺乏度、公共养老金覆盖率和私人养老金覆盖率、养老金制度资产现值和未来值、非正规职业的替代率等。

① Portfolio of Overarching Indicators and Streamlined Social Inclusion, Pensions, and Health Portfolios, Brussels, 7 June 2006.

② Portfolio of Overarching Indicators and Streamlined Social Inclusion, Pensions, and Health Portfolios—2009 Update, Brussels, 7 September 2009.

表 3-3　成员国养老金国家战略报告一般评价指标体系简化版

共同指标	指标来源	具体指标	指标说明	细分	考核范围
足额的养老金	EU	老年人贫困风险率	0~64 岁、65 岁及以上人口可支配收入≥全国平均可支配收入×60%	按年龄分组：0~64 岁、65 岁及以上 按性别分组	65 岁及以上老人的贫困率是衡量养老金制度向老人提供足额收入的能力指标
	EU	老年人平均相对收入水平	65 岁及以上老人中等可支配收入/0~64 岁人群平均收入水平	按性别分组	检测是否向老年人提供了过量的养老金，与收入分组比较
	EU	总替代率	65~74 岁老人中等个人养老金收入/50~59 岁人群中等个人收入，不包括其他社会养老金	按性别分组	检测与老人相关的其他人群的养老金过量情况；目前养老金收入仅指养老金第一支柱体系
	NAT	预期理论替代率的变化	理论替代率的变化（DB、DC、NDC，2006~2046 年）；公共养老金支出预期（2006~2046 年）	—	在 DB、DC、NDC 三种制度体系下，理论替代率的变化值和公私养老金支出额，2006~2046 年等，以此预测养老金制度的可持续性等
可持续的养老金	NAT	养老金总支出占 GDP 的比重	ESSPROS 指导手册涵盖的 7 项保险项目的总支出额	—	可拓展为公共养老金支出和私人养老金支出
	EU	就业率	就业人口/工作年龄人口（15~64 岁）	按性别和年龄分组，25~54 岁、55~64 岁、65~69 岁	55~64 岁人口就业率； 年龄分组可以详细了解各群组就业状况和退出劳动市场情况； 按性别分组有利于提高妇女就业率
	EU	有效劳动力市场退出年龄	平均劳动力退出市场的平均年龄，通过某一年龄段人口变化状况获得	按性别分组	养老金改革的核心挑战，就是法定退休年龄的提高问题； 利用更详细的数据和计量方法来验证是必要的
	NAT	养老金支出预测、公共支出和总支出变动率	2004~2060 年预测值	—	预测涉及经济发展趋势等指标，预测结果的可比性下降
现代化的养老金	EU	贫困风险中的性别差	可支配收入≥全国平均可支配收入×60%	按性别和年龄分组：0~17 岁、18~64 岁、65 岁及以上	二级指标，按年龄分组为，60 岁及以上、75 岁及以上、60 岁及以下、70 岁及以下

续表

共同指标	指标来源	具体指标	指标说明	细分	考核范围
现代化的养老金	EU	老年人相对收入水平的性别差	65 岁及以上老人中等可支配收入/0~64 岁人群收入水平	按性别分组：总人口、男、女和独立生活者	二级指标，按年龄分组为，60 岁及以上、75 岁及以上、60 岁及以下、70 岁及以下
	EU	总替代率的性别差	65~74 岁老人中等个人养老金收入/50~59 岁人群中等个人收入，不包括其他社会福利	按性别分组：总人口、男、女和独立生活着	

注：欧盟指标（Commonly agreed EU Indicator）简称“EU”，国家指标（Commonly Agreed National Indicators）简称“NAT”。

资料来源：CEC：“Portfolio of Overarching Indicators and Streamlined Social Inclusion，Pensions and Health Portfolios”，7 June 2006.

二、欧盟养老金“开放性协调机制”评价指标体系的框架结构

（一）足额养老金子指标体系

足额养老金子指标体系，由 4 个一级指标、8 个二级指标和 1 个环境指标组成，其中二级指标体系是在一级指标体系的基础上，细化了人群分组。该指标体系的核心目标有三，一是确保老年人获得足额的养老金收入；二是保证老年人的最低生活标准；三是实现代际之间与代内不同人群之间的和谐发展。

（二）养老金制度可持续性子指标体系

随着国家公共财政压力加重和人口结构老龄化加速，成员国构建科学合理的养老金财务制度，进而确保公共养老金制度和私人养老金制度的财务可持续性，实现养老保险制度的长期可持续性是重中之重。欧盟委员会建议各国从三方面出发降低人口老龄化对公共财政预算的冲击：一是平衡养老金收支，实现代际公平和代内公平；二是促进私人养老金计划的发展。该指标体系共有 10 个指标，其中包括 4 个一级指标，2 个二级指标和 4 个环境指标。

（三）养老金现代化程度子指标体系

随着科学技术的进步，欧盟提倡各成员国要加速向知识经济和信息经济转型。首先，实现养老保险制度的现代化，第一要务是提高养老金制度的透

明度。这是实现社会主义现代化的必然趋势，也是人口老龄化和人口结构变动的要求，更是参保人对自身应得养老金额知情权的保障。在此背景下，被保险人可合理规划他的养老金支出，也是实现养老金一体化的基础。本指标体系共有4个指标，其中一级指标3个，二级指标1个。

综上所述，欧盟养老保险协调机制评价指标体系的提出，是多方努力的结果。在指标体系的约束下，各成员国养老金改革的压力加重了，也更倾向于通过“互动学习小组”的方式，为本国养老保险制度的改革提供政策依据。就养老保险协调评价指标体系而言，清晰的指标定位，便于各成员国规划养老保险相关的统计数据，便于相互比较，找出本国制度发展的缺陷和不足。另外，指标体系充分考虑了人口结构变化和劳动力未来发展趋势等因素，便于成员国根据国情及时调整制度参数，既保证养老金足额支付，又维持养老保险制度的长期可持续性，并最终达成区域养老金制度的一体化目标。

第四节　欧盟养老保险“开放性协调机制”面临的挑战和争议

自“开放性协调机制”引入到社会政策领域以来，人们对这种制度的批评就不绝于耳。根据欧盟养老金晴雨表，人们对该制度批评的焦点是劳动力自由流动相关政策允许和鼓励移民享有东道国的社会福利，而养老保险的开放性协调更是对东道国原有制度的干扰和破坏。[①] 批评者们一致认为，欧盟成员国间巨大的收入差扭曲了西欧国家的劳动力市场和以养老保险为核心的社会保障制度。目前，争论的核心已经离不开民粹主义的短语：“贫困移民”（在德国）和“福利移民”（在英国）。[②]

① Special Eurobarometer：Right to Move and Reside Freely in the EU and Right to Good Administration Are the Most Important Citizens' Rights，Press Release No.14/2011，7 July 2011.

② Meghan Benton. Reaping the Benefits? Social Security Coordination for Mobile EU Citizens，Policy Brief Series Issue No.3，Research from Migration Policy Institutute Europe，November 2013.

一、对“福利移民”的控诉

事实上，没有系统的证据表明哪个欧盟公民是“福利移民”①。强“福利磁性”国家可能更受成员国公民的关注，这些国家是“福利移民”的主控诉方或更担心“福利移民”，但是它们并不能提供“福利移民”的完整证据（见图 3–1）。经济学家认为，欧盟公民在成员国间自由流动的最大经济效益是既降低了移出国的劳动力失业率，同时又弥补了东道国的劳动力短缺问题。相比之下，东道国对移民提供更好的社会福利是微不足道的。

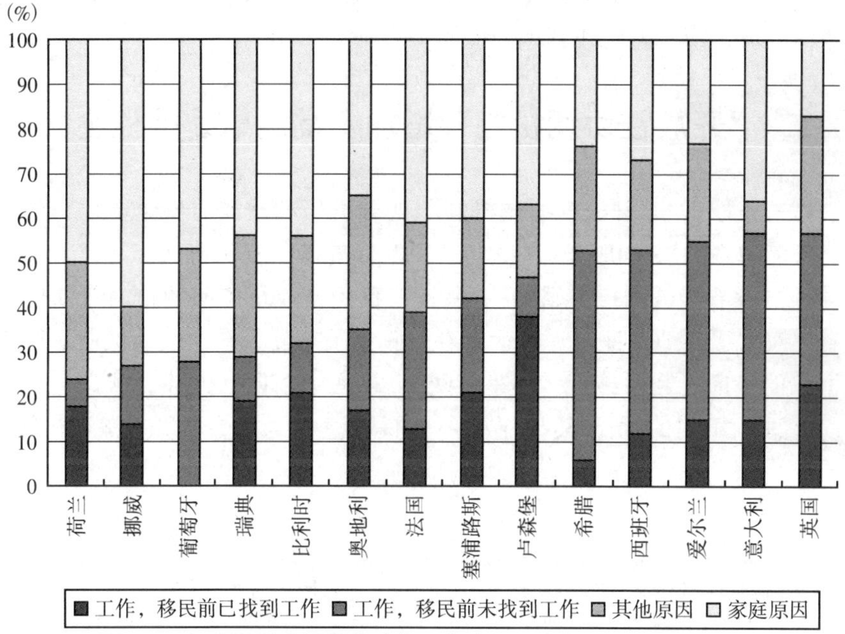

图 3–1 部分欧盟成员国劳动人口在欧盟区域内迁徙的原因分析

注：“其他原因”包括教育水平和国际保护等。

资料来源：欧盟统计数据库，2014。

没有系统的证据可表明公民流动是福利趋向型。一些研究着眼于分析不同高福利制度国家是否对移民更具有吸引力。例如，有学者比较分析了 19

① 福利移民，是人们为了获取更多的社会福利从“穷国”移到更加富足的国家。鉴于此，许多欧盟成员国政府正在考虑或者已经着手抑制欧盟公民流入本国，如丹麦、荷兰、德国以及英国等国家。

个国家在1993~2008年的失业保险支出变动与移民在欧盟区域或者其他地方流动增长之间的关系，但他们并没有发现二者有必然的联系。[①] 另一项研究考察了欧盟公民是否比其他移民更容易闲置或者失业。欧盟社会事务和就业总局的一份新报告显示，欧盟移民中的无工作人群（包括闲置人员和失业者）在欧盟总人口中所占的份额很少，一般为0.7%~1%，而且他们中的绝大多数居住在经济活跃的家庭。[②] 以英国为首的媒体接受了这项研究，表明关于“福利移民”辩论所需要的证据不足。根据2014年欧盟统计数据[③]，2008年希腊、爱尔兰、意大利、西班牙和英国五国境内50%以上的欧盟移民[④] 是为寻求工作而流转。比较而言，荷兰、挪威、葡萄牙和瑞士境内的工作移民占比低于30%，而家庭原因是上述移民跨国流动的重要因素。卢森堡境内的欧盟移民流转前一般已找到了合适的工作。

二、“开放性协调机制”增加了福利欺诈的机会

第二条控诉，“开放性协调机制”提供了福利欺诈的机会。因为，欧盟社会保障体系的协调机制赋予欧盟公民配偶优厚的福利待遇。批评人士担心这一举措可能会鼓励权宜婚姻。[⑤] 另外，移民在成员国间的自由流动更容易持有“双重居住地”证明。有学者专门收集了东欧人在西欧社保欺诈行为的证据，但经证实其中绝大多数是传闻。[⑥] 事实上，西欧人社保欺诈行为同样普遍。如英国退休人员的某些行为在英国是正常的，而在西班牙就可能会被认

① Corrado Giulietti, Martin Guzi, Martin Kahanec, and Klaus F. Zimmermann, ‘Unemployment Benefits and Immigration: Evidence from the EU’: http://ftp.iza.org/dp6075.pdf.

② Carmen Juravle, Tina Weber, Emanuela Canetta, Elena Fries Tersch, and Martina Kadunc, A Fact Finding Analysis on the Impact of Member States’Social Security Systems of the Entitlements of Non-Active Intra-EU Migrants to Special Non-contributory Cash Benefits and Healthcare Granted on the Basis of Residence (London: ICF GHK, 2013).

③ 来源于欧盟统计数据库：http://ec.europa.eu/eurostat。

④ “欧盟移民”是在图3-1所选欧盟成员国中，年龄在15~64岁流动的劳动力。

⑤ 例如，爱尔兰发现了几起巴基斯坦男子和西欧女子结婚的案例。爱尔兰司法局估计通过婚姻获批成为欧洲公民的申请中约有30%的申请人是非法滞留爱尔兰的人员，或者是拥有临时性或有限期限居住权的人员。司法部申请修改法令的答复，19 January 2010, accessed 9 October 2013: https://www.kildarestreet.com/wrans/?id=2010-01-19.2223.0&s=marriage+and+convenience#g2225.0.r.

⑥ Van Overmeiren, Eichenhofer, and Verschueren, Social Security Coverage of Non-Active Persons Moving to Another Member State: https://biblio.ugent.be/publication/2096162.

定为欺诈，这一区域被冠以“灰色滥用”的绰号。[①] 在这种情况下，违法制裁是微弱的，监测和执法难度较大。驱逐出境作为处理欺诈的手段缺乏有效性，因为欧盟公民有权第二天返回该国。对自由移民的限制性福利类似于一件装饰品，正如落在皮肤上的蚊子，用锤子敲打蚊子时，身体会做出下意识的反应。2006~2009 年，爱尔兰境内通过婚姻申请加入欧盟成员国的公民分别为 2006 年 1207 起，2007 年 1928 起，2008 年 1798 起，2009 年 2116 起。[②]

三、“开放性协调机制”破坏了东道国的社会保障体系

对欧盟自由流动体系的批评者认为，“开放性协调机制”自身的不完善是问题的关键。欧盟社会保障体系的协调原则依赖于部分虚拟假设，如一个共同的欧盟范围内的劳动力市场；移民福利流转是互惠互利的，各成员国转出的福利等同于人们应该收到的福利。[③] 事实上，欧盟各成员国的工资水平和经济发展水平千差万别，进而产生了非对称性流动激励。因此，西欧等经济发展水平较高的国家往往对欧盟移民的吸引力更大，进而其承担的福利成本比重也相对高于其他成员国。有学者认为欧盟公民对国家层面的税赋贡献水平远高于他从该国获得的福利水平，那么人口自由流动产生的经济效益（包括税收和经济增长）更易被西欧国家（如接受移民条例的国家）所获取。[④] 另外，假设人口自由流动对所有成员国经济均产生正效应，这也应该被批评，因为它会造成分配不均。欧盟区域内的人员自由移动会造成东道国社会成本的上升，也会使东道国的学校、医院床位等公共服务设施的压力增大。

---

① Keleigh Coldron and Louise Ackers. ‘(Ab) Using European Citizenship? EU Retired Migrants and the Exercise of Healthcare Rights’, Maastricht Journal of European and Comparative Law 14, no.3 (2007): 287-302.

② https: //www.kildarestreet.com/.

③ Jonathan Zeitlin.Introduction: the Open Method of Coordination in Question: http: //eucenter.wisc.edu/OMC/Papers/EUC/JZPP/introduction.pdf.

④ Meghan Beghan Benton and Milica Petrovic, How Free is Free Movement? Dynamics and Drivers of Mobility Within the European Union (Brussels: Migration Policy Institute Europe, 2013): http: //www.migrationpolicy.org/research/how-free-free-movement-dynamics-and-drivers-mobility-within-european-union.

四、劳动力自由流动加速可能会危及福利国家

一些国家对自由移民问题的担忧加剧了公众对国际移民的焦虑。部分欧盟国家对移民的公共焦虑症越发明显了，态度也发生了巨大转变。例如，部分国家在公网上公开鼓励市民谴责那些已经在比利时和爱尔兰立足的波兰人和罗马尼亚人，英国政府也创立了一套平衡移民和本地国民竞争的评估机制，并赞同以“公投方式”决定欧盟成员国的进退机制。法国政府则继续威胁要拆除罗马人的营地，并驱逐保加利亚和罗马尼亚人。

人员自由流动即使对所有成员国都产生积极的推动作用，“开放性协调机制”也使成员国出现具有负担增加和分配不均的现象。[①] 因此，欧盟社会保障体系通过多种方式监测公众对福利制度的支持程度，以保证及时做出相应的制度调整。具体监测方式如下：第一，新移民是否立即纳入社保体系。公众常常会担心新移民社会福利待遇支出引起的财政负担，他们对公共财政贡献率不足。许多国家正面临大规模的社会福利支出和社保改革，这些国家认为新移民不该立即享受相应的社会福利。第二，欧盟公民缺乏“公民情怀”（Civic Glue）。《布鲁塞尔协议》的相关规定可能会威胁到不同社会模式下欧盟成员国的国家意识形态。与此同时，“公民情怀”在很大程度上会弥补欧盟层面支持率的缺口。总体来说，欧盟公民不会认为欧盟高于一切。欧盟社会保障体系有效运转依赖于公众对自由流动和福利国家的支持。关键问题是，一旦新成员国长期成为欧盟的一部分，或者一旦欧盟有机会调整公共政策，就要将社会保障调整为随人口结构和经济现状的变动而变动，那么人们对社会保障体系的担忧也会削弱（尤其是在经济低迷的情况下）。正确的反应是等待新欧盟公民的加入，并逐步适应其他成员国的做法，或者欧盟经济进一步萎靡，人员自由流动就要与民主国家的社会权利不相匹配。第三，福利最大化战略。当欧盟公民在不同成员国间自由流动时，他们可以创造机会在不同国家“挑选”最满意的福利制度。对一些人来说，他们选择不同待遇领取机会的策略违反了社会契约。第四，缺乏透明度。欧盟社会保障体系协调原则很不清晰，其中包括许多模糊的定义、灰色地带和差距等。对欧盟

① Meghan Benton. Reaping the Benefits? Social Security Coordination for Mobile EU Citizens, Policy Brief Series Issue No.3, Research from Migration Policy Institutute Europe, November 2013.

委员会和各成员国来说，如果欧盟社会保障体系的许多问题不能有效解决，则大家很难从人员自由流动中互惠互利。

第五节 本章小结

2001年欧盟委员会将开放性协调机制引入到养老保险领域以来，人们对这种新的治理模式就褒贬不一。为此，本章从四方面详细分析了开放性协调治理模式在欧盟养老保险领域的应用情况。第一节，详细解读了养老保险制度的“开放性协调政策”，即成员国通过共同组建一个虚拟的“养老保险政策学习小组”，利用同济评审等群体压力，促使各成员国养老金制度向欧盟确定的目标模式靠拢，从而实现各成员国养老金制度的渐进式趋同。第二节，以案例的形式分析了养老保险开放性协调的办法。在欧盟公民资格制度的背景下，流动劳动力依据暂时冻结、累计原则、按比例分配和工作地发放等具体流程获取应得的养老金待遇，这为流动劳动力养老保险关系跨区域转移提供了有效的解决办法。期间，“养老保险信息电子交互系统”的引入，加速了成员国间信息流转的速度，降低了流动人员转移的成本，提高了养老保险关系携带的便利化。与此同时，养老保险关系的便携性又加速了劳动力的国家间调配，有效地缓解了欧盟区域内劳动力市场的结构性失衡问题。第三节，欧盟养老保险开放性评价指标体系的构建。该评价指标体系依据养老保险国家战略报告的三大共同目标（即足额养老金、可持续的养老金和现代化的养老金）制定而成，科学合理的指标体系构架，不仅有利于养老保险关系跨区域转接，而且有利于各成员国养老金制度体系的加速趋同。但是，一些批评人士认为，这种政策趋同方式，不利于劳动力市场的竞争，而且会严重破坏人口流入国固有的养老保险制度，会造成福利国家危机加重等。因此，本章第四节梳理了各界人士对这种“自我评估程序”的争论和挑战。一定程度上讲，“开放性协调机制”的上述制度设计，在促进欧盟养老保险筹资水平与模式，养老保险业务管理以及养老保险发展目标上的一体化起到了积极作用，成为欧盟养老保险制度一体化的重要推手和保证。

第四章 养老保险“开放性协调机制”在欧盟成员国层面的应用分析

2002 年 5 月，“开放性协调机制”在欧盟养老保险领域运行 1 周年，欧盟 15 国如期提供了“养老保险国家战略报告”。同济评审的结果显示，部分老成员国已着手养老保险制度的改革，并逐步向区域内养老保险制度趋同的方向迈进。然而，2004 年 5 月 10 个中东欧国家陆续加入欧盟以后，新老成员国在经济发展水平、社会政策等领域的巨大悬殊，导致欧盟养老保险“开放性协调机制”的进程放缓，甚至出现“进两步，退三步”的局面。为防止新老成员国劳动力的过度流入，欧盟委员会授意老成员国采用“2+3+2”模型的劳动力市场保护措施，并允许老成员国根据本国国情自行决定劳动力市场开放的最后期限和行业领域等。在此背景下，欧盟养老保险制度面临着开放性协同与过渡期安排并存的尴尬局面，欧盟一体化目标与成员国国家目标之间的冲突凸显，进而区域内跨国流动劳动力的养老保险等社会保障权益的转移接续问题也面临了新的难题。另外，在跨国就业劳动力养老保险关系的对接问题上，欧盟 15 国仍然适用旧的养老保险对接政策，而新老成员国之间的劳动力市场保护措施是对等的，老成员国对新成员国流动劳动力的限制措施反之也适用新成员国，这些限制措施在制度上制约了双方流动劳动力的养老保障权益对接问题。为此，下文依据老成员国劳动力市场开放的时间顺序，将老成员国划分为四组，[①] 并分组讨论各成员国养老保险关系跨国对接的具体规定和操作办法。

---

① 即英国、爱尔兰和瑞典 3 个首批开放国家（2004 年），芬兰、西班牙、葡萄牙、希腊、意大利和冰岛（2006 年），荷兰和卢森堡（2007 年）、法国（2008 年）9 个第二批开放国家，德国、奥地利和瑞士 3 个第三批开放国家（2011 年），以及保加利亚和罗马尼亚最后开放国家（2014 年）。

第一节　过渡期劳动力市场保护措施

一、欧盟老成员国关于劳动力市场的过渡期安排

2004 年 5 月，欧盟开启了有史以来最大的一次扩张，准备接纳 10 个中东欧国家加入欧盟。2007 年，其他 2 个欧元区国家保加利亚和罗马尼亚也加入欧盟，欧盟成员国上升为 27 个。[①] 新老成员国之间在地域、文化和经济上存在的巨大差距使欧盟 15 国非常担忧，他们害怕一旦向这些“穷国”放开劳动力市场，可能会出现大量东欧劳动力涌入的风险，这将对老成员国的就业者产生“挤出效应”，进而冲击到本就脆弱的国内劳动力市场。事实上，类似的担忧也曾出现在欧盟吸纳西班牙和葡萄牙两个南欧国家。根据 2003 年欧盟批准的成员国准入条约，欧盟 15 国可以引入 7 年的“过渡期安排”，期间对新加入的中东欧劳动力适用过渡性劳动力市场保护措施。[②] 过渡期协议规定，过渡性劳动力市场约束最长可以维持 7 年，即 2011 年 5 月到期，其中保加利亚和罗马尼亚 2014 年再放开（见图 4–1）。7 年的过渡期协议被称为“2+3+2”模型，该模型强迫欧盟老成员国分别于 2006 年 5 月、2009 年 5 月向新成员国开放劳动力市场。具体保护措施如下：

第一，中东欧新成员国加入后，老成员国可以各自采取劳动力市场的保护措施，期限为 2 年。2 年后，老成员国可以决定是否要延长保护措施的期限。

第二，在 2 年过渡期结束之前，老成员国需向审查委员会提供报告。

第三，老成员国必须通知委员会是否取消过渡期安排和启用共同体法律，或者申请将过渡期再延长 3 年。

① 下文把德国、英国等欧盟 15 国称为“老成员国”，对新加入的 10 个中东欧国家、保加利亚和罗马尼亚等国家称为“新成员国”。

② European Commission：The Transitional Arrangements for the Free Movement Workers From the New Members States Following Enlargement of the European Union on 1 May 2004：http：//ec.europa.eu/social/main.jsp？catId=466&langId=en.

第四，如果新成员国提出申请，则欧盟委员会需再做一次资格审查。

第五，根据基本原则规定，在5年过渡期结束后，即2009年，欧盟老成员国原则上要全面放开劳动力市场，并执行欧共体法律。

第六，如果劳动力市场出现了严重波动或者不可抗力时，2009年之后，老成员国可再次申请延长2年的过渡期。

第七，如果劳动力市场出现了大的波动或者不可抗力，老成员国可以在法定范围内取消保护措施安排，而引入保护条款，并在劳动力市场面临大的动荡或威胁时使用保护措施。

第八，在过渡期运行期间，如建筑业或者工业清洁服务业等敏感性服务部门存在风险或动荡，奥地利和德国有权限制提供跨国服务的临时就业者从事这些行业。

第九，新老成员国间可采取相互对等的限制，就像任何老成员国对新成员国的限制一样。

第十，只要老成员国保留对新成员国的过渡性措施，新成员国就可以求助于两者之间的社会保障条款。

第十一，塞浦路斯和马耳他不在保护措施实施范围内[①]，如果劳动力市场出现了严重的动荡，或者预期将出现动荡，那么马耳他可调用安全保护措施。

此外，为了消除歧义，欧盟委员会对过渡期安排提出了一些特殊规定。比如，过渡期安排不适用于欧盟东扩前已在老成员国合法工作的新成员国国民，或者是欧盟东扩后，在老成员国连续工作12个月或者更长时间的劳动者。[②] 一个劳动者及其家属[③] 在准入之前已被允许在老成员国劳动力市场合法工作（生活）12个月及以上时间的，在批准加入后可继续遵照旧办法工作生活更长时间。如果劳动力的家属是在欧盟东扩后加入的老成员国，他们有权在老成员国生活18个月以上等。

① 根据马耳他和塞浦路斯准入条约规定，欧盟批准这个国家加入欧盟。

② European Commission: The Transitional Arrangements for the Free Movement Workers From the New Members States Following Enlargement of the European Union on 1 May 2004, pp.2.

③ 家属是指劳动者的配偶和21岁以下的子女，或者奉养人员，如收养子女。

二、部分欧盟老成员国渐进式劳动力市场开放的约束条件

欧盟东扩后，绝大多数老成员国采用了过渡性劳动力市场保护措施（见图 4-1 和图 4-2）。[①] 2004 年 5 月，只有英国、爱尔兰和瑞典立即向新成员国开放了劳动力市场，但是英国宣布会限制来自新成员国移民享受本国福利的权利。[②] 2004 年 10 月，希腊、德国、法国、意大利、西班牙、芬兰、比利时和葡萄牙决定坚持 2 年至 7 年内不批准东欧人移民当地的决议。2006 年 5 月 1 日，西班牙、葡萄牙、希腊、芬兰、冰岛和意大利决定取消限制，放开劳动力市场。2007 年，荷兰和卢森堡也取消了限制，法国于 2008 年 7 月提前 1 年放开了劳动力市场。最后，丹麦、比利时和挪威于 2009 年 5 月也取消了劳动力市场的条件约束。对于 2007 年新加入的罗马尼亚和保加利亚，除芬兰和瑞士外的其他欧盟 15 国均保持了劳动力市场的保护措施——英国规定两国移民只能在本国从事食品加工和农业两个行业（2006 年 9 月）[③]；相反，2004 年加入的 10 个中东欧国家则对他们全面放开了劳动力市场。

相比之下，与新成员国地理位置较近的德国、奥地利等国则采取了更为严格的限制条件，直到 2011 年 5 月才逐步放松了管制。2004 年，德国就对新成员国移民以及他们提供的特定服务进行了限制。[④] 首先，德国采用劳动许可证形式限制新成员国移民进入本国市场。同时，德国还明令限制向外国人提供的特定服务，限制的范围包括建筑产业及相关部门、清洁服务（包括建筑、设备和汽车的清洁）以及内部装修。在存在双边合同时，中东欧新成员国可提供这些服务职能，但提供的服务数量由配额控制。奥地利在引入工作许可之外，还设定了劳动力流入的配额。该配额规定，从新成员国流入的

① Jon Erik Dqlvik：Mobility of Labour and Services Across the Baltic Sea After EU Enlargement：Trends and Consequences，Center for European Studies Working Paper Series#161，2008.

② Rachel Marangozov.Benign Neglect? Policies to Support Upward Mobility for Immigrants in the United Kingdom，MPI of the ILO，October 2014.

③ Jacqueline Mallender，Laura Todaro，Daniel Griffiths，Mirja Gutheil，Kari P Hadjivassiliou：Differential Treatment of Workers Under 25 With a View to Their Access to the Labour Market：http：//www.europarl.europa.eu/studie.

④ Carola Burket and Anette Haas. Investing in the Future Labour Market Integration Policies for New Immigrants in Germany，MPI，November 2014.

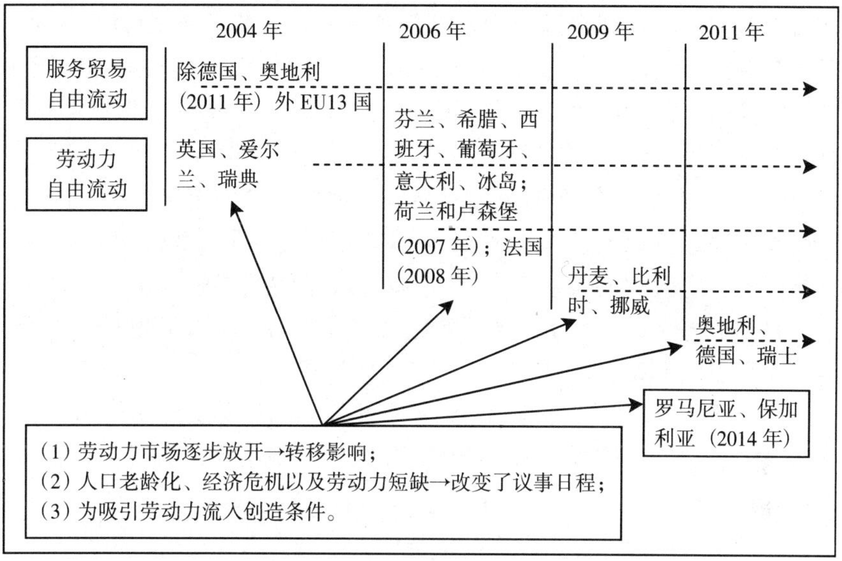

图 4-1 欧盟老成员国开放劳动力市场的过渡期安排

资料来源：笔者绘制。

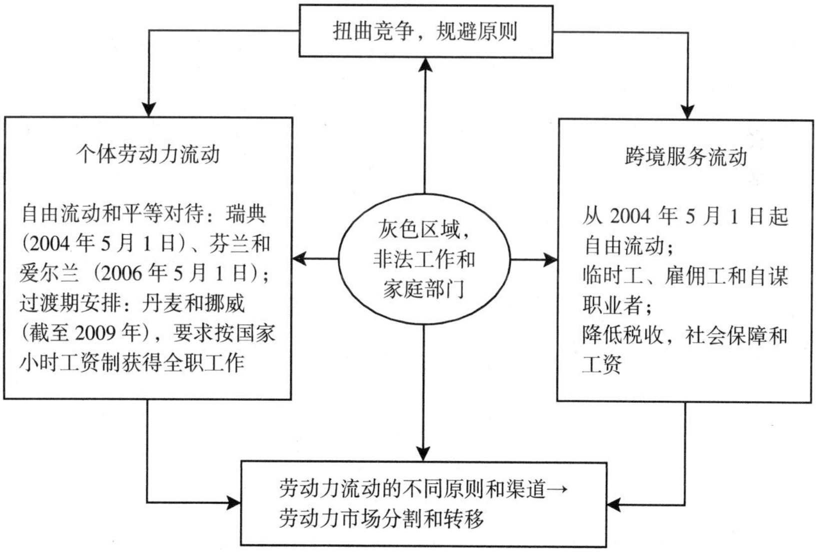

图 4-2 北欧国家开放劳动力市场的基本原则和主要渠道

资料来源：笔者绘制。

劳动力不得超过奥地利本国劳动人口总量的 8%。① 荷兰于 2004 年引入了一种双轨制措施：一是对绝大多数部门来说，许可证是必要的；二是对于雇佣新移民的部门，他们必须提供有效证据证明本国劳动局注册的待业人员中，没有人能胜任该职位。在 2006 年 1 月前，荷兰规定发放的工作许可不得超过 22000 个。② 意大利在 2004 年也引入了过渡性劳动力市场保护，并规定向新成员国劳动者发放的工作许可证为 79000 个。然而到 2006 年初，从欧盟新成员国流入意大利的劳动者仅有 48000 人，仅为限额的 40%。③ 而新成员国中，波兰、匈牙利以及斯洛文尼亚也对实行劳动力流入限制的老欧盟成员国的劳动力实行了双边限制。

随后，欧盟关于过渡性劳动力市场保护措施的指导文件还指出，如果一个成员国已有对某一新成员国的劳动力流入的限制法令，那么新的临时性劳动力市场保护措施的限制不得高于这些已有的限制法令。④ 同时，如果老成员国在取消过渡性劳动力市场保护措施后，劳动力市场受到了严重的冲击或冲击的威胁，老成员国可以重新引入保护措施，但必须上交冲击或冲击威胁切实存在的证据。而新成员国也可以对老成员国引入等量的劳动力市场保护措施。需要指出，劳动力流入约束条款仅限于跨国转移就业劳动力，学生、游客和退休人员享受完全的自由流动。2006 年 5 月，芬兰等国家取消过渡性劳动力市场保护措施，但要求来自新成员国的劳动者在获得工作 14 天内到劳动局注册。斯洛文尼亚要求劳动者在开始工作 8 天内进行注册，而服务提供者至少在开始提供服务前 3 天进行注册。对于本国劳动力市场出现供给不足的国家，如比利时，不仅取消劳动力保护措施，还放松了部门的管制，将工作证发放时间缩短为 5 个工作日。而丹麦简化了工作许可的发放程序，且只给有全日制工作的劳动者发放劳动许可，这一限制将逐渐取消。卢森堡也简化了农业等特定行业工作许可的申请程序。

---

① Labour Migration Since EU Enlargement? liberal VS Restrictive: http: //www.oeaw.ac.at/vid/download/col070321rm.pdf.

② Mari Kangasniemi and Merja Kauhanen.Characteristics and Labour Market Performance of the New Member States Immigrants in Finland, Germany, the Netherlands and the United Kingdom After the Enlargement of 2004: http: //www.norface-migration.org/publ_uploads/NDP_02_13.pdf.

③ National Institute of Statistics (Italy) (2012), *Migrazioni internazionali e interne della popolazione residente* [International migration and the internal population], Rome.

④ European Commission: The Transitional Arrangements for the Free Movement Workers From the New Members States Following Enlargement of the European Union, No. 1 May 2004.

2006 年 5 月，奥地利、德国和荷兰决定保留现有的所有限制从新成员国来的劳动力的措施。其中，奥地利保留限制措施的主要理由是，过长的边界线和新成员国劳动力的低缴费率。2006 年，德国多个城市失业率高达 20%，进而德国政府认为应继续保持劳动力限制措施。同样，荷兰也决定暂时保留现有的所有劳动力限制措施，并决定在 2007 年 1 月前对现状进行重新的审视。尽管结果较为乐观，但荷兰政府仍然决定继续保留现有的劳动力市场保护。

综上所述，欧盟新老成员国之间保护劳动力市场的过渡性措施不尽相同，但共同的结果是新成员国国民如果想在老成员国工作或者定居将面临不同程度的法律障碍。从制度约束上看，他们可享受的社会保障，尤其是养老保险等福利待遇也十分有限。可见，欧盟的临时性安排与欧盟的一体化目标之间存在一定的冲突。一方面欧盟极力推进成员国间养老保险制度的开放性协同；另一方面又允许成员国自由决定劳动力市场开放的期限，以及与劳动环境密切相关的社会保障情况。

第二节　养老保险“开放性协调机制”在英国、爱尔兰和瑞典的应用

2004 年 5 月 1 日，爱尔兰、瑞典和英国是欧盟 15 国中首批向新成员国放开劳动市场的国家，它们允许新成员国劳动力在其境内自由流动并享受相应的社会保障权利。从劳动力市场结构来看，爱尔兰、瑞典和英国均为劳动力相对短缺的国家，新成员国劳动力的加入，为其经济发展和社会进步注入了新鲜血液。[①] 从养老保险制度模式来看，英国、爱尔兰实行自由主义福利模式，而瑞典实行福利国家型模式，三国的养老保险体系均由三支柱构成，

① László Andor: Labour Mobility in the European Union-The Inconvenient Truth, http: //europa.eu/rapid/press-release_SPEECH-14-115_en.htm.

即国家养老金计划、职业养老金计划和个人储蓄养老计划。①

一、“开放性协调机制”在英国养老金领域的应用

（一）英国养老保险制度的协调性改革

第一，建立单支柱（Single-tier）的国家养老金计划。

目前，英国的国家养老金计划由待遇确定型的基础养老金和部分收入关联的附加养老金两部分组成。在1978~2002年，附加养老金要遵照“国家收入关联的养老金制度”（The State Earnings-related Pension Scheme，SERPS），自2002年4月以后，“国家第二养老金”（The State Second Pension，S2P）替代了SERPS计划，旨在放宽附加养老金的获取条件，让更多的中等收入人群获得更好的第二养老金。② 2003年10月，英国又引入了养老金“积分制”③，鼓励和推动个人为自己的退休储蓄。④ 根据2005年英国养老保险国家战略报告要求，2007年英国劳动部出台了《2007年养老金法案》（2010年4月生效），旨在扩大国家养老金的覆盖范围，并逐渐减少家计调查的程度。同期，英国降低了全额养老待遇领取的最低缴费年限，2010年4月6日以后达到法定退休年龄，养老金缴费年限从男44岁、女39岁降到男女均为30岁。2010年4月4日，英国养老金部部长史蒂文·韦博（Steve Webb）宣称要简化国家养老金计划。2011年4月出版的《21世纪国家养老金（绿皮书）》提出要建立“单支柱的国家养老金”，合并统一现行的“国家基础养老

① 英国现行的养老金体系由三支柱构成。第一支柱为国家养老金计划，主要包括对全体符合条件的纳税人提供的国家基本养老金（Basic State Pension，BSP）和对雇员提供收入关联的国家第二养老金（State Second Pension，S2P），两者都采取现收现付制。此外，第一支柱中还包括养老金补贴制度（Minimum Income Gurantee，MIG），三者的共同特点是都由政府承担兜底责任。第二支柱是职业养老计划和第三支柱的个人养老计划统称为私人养老金计划。爱尔兰现行的养老金体系由两大部门组成，即社会福利计划，由国家运营；自愿补充养老金，包括职业养老金和个人储蓄养老金，主要由私人运营，国家监管。目前，爱尔兰的补充养老金约占个人退休后收入的1/3。瑞典的养老保险制度体系由公共养老金、补充养老金（ATP，1960）和私营职业养老金构成。

② DWP，A new contract for welfare：partnership in pensions，December 1998，Cm 4179，p.39.

③ 英国的养老金积分是指与收入关联性福利，由保障型积分和储蓄型积分两部分组成。保障型积分要求周收入额为148.35英镑（单身）或者226.5英镑（夫妻）。储蓄型积分是为退休而储蓄的特定支出金额。

④ DWP，Pension Credit：the Government's proposals，November 2001，page 3；See Library Standard Note SN 1429 State Second Pension.

金”和“国家第二养老金”，并设定养老金积分制的最低标准，即每个缴费30年或积分达到退休年龄的公民每周可获得约140英镑的固定养老收益。[①] 2013年1月14日英国政府发表的“白皮书”正式建立了“单支柱国家养老金”，并规定获得全额养老金的最低缴费年限是35年或同等的养老金积分年限，周固定养老金待遇设定为142.7英镑。[②] 2013年12月3日，英国政府将最低缴费年限设定为10年，《2015年养老金法规》进一步规定养老保险缴费年限不应超过工作年限的1/5左右。[③] 据估计，英国9000~12000人（占英国总人口2%~3%）将受到10年最低缴费期的影响，其中有6000~10000人（占英国流出人口的18%~23%）生活在国外（见表4-1）。[④] 2014年5月14日英国出台的《2014年养老金法案》以及《2015年养老金法规》，细化了“单支柱国家养老金”的最低缴费年限（积分年限）、缴费率（不低于每周148.4英镑）、过渡期安排等规定，并决定于2016年4月6日正式实施新的国家基本养老保险计划。新养老金制度引入后，预计将影响4000万名在职职工，其中35%的男性和61%的女性（其中43%为自愿参保人）的养老金收入会得到不同程度的增加。[⑤] 此外，新国家养老计划坚持“老人老办法新人新办法”，2016年4月6日以后退休的参保人（男1951年4月6日后出生，女1953年4月6日后出生）自动转入新制度。

表4-1　2016~2020年英国新最低缴费年限可能影响的人口估算

	参保年限	年均变动人口数（2016~2020年）	占达到国家养老计划退休年龄人口的比重
英国居民	7年	6000~10000人	1%~2%
	10年	9000~12000人	2%~3%
海外居民	7年	5000~9000人	15%~20%
	10年	6000~10000人	18%~23%

资料来源：NICs records from L2 data for 2010/11 financial year（1% the sample of NIRS2）. DWP modeling of qualifying years gained in the intervening years.

---

① DWP，A state pension for the 21st century，Cm 8053，April 2011，p.9.

② DWP，The single-tier pension：a simple foundation for saving，January 2013（Cm 8528）.

③ HC Deb 3 December 2013 c17-18WS.

④ The Draft State Pension Regulation 2015.

⑤ IFS Observations，Welcome simplification of state pension but younger generations lose，14 January 2013.

第二，分阶段提高法定退休年龄。

2010 年 4 月，英国开启了养老保险法定退休年龄上调的通道。第一阶段（2010~2024 年），将英国女性的退休年龄从 60 岁逐渐提高到 65 岁，实现男女同年退休；第二阶段（2024~2034 年），从 2024 年 4 月开始，将法定退休年龄从 65 岁提高到 66 岁；第三阶段，从 2034 年 4 月开始，法定退休年龄从 66 岁提高到 67 岁；第四阶段，从 2044 年 4 月开始，从 67 岁递延到 68 岁。

第三，鼓励延长职业生涯。

英国面临着严重的人口老化风险。截至 2015 年，英国 65 岁及以上人口占比为 23.0%，但至 2037 年将上升为 25.4%。同期，老年抚养比也将从 2015 年的 31.2%上升到 2037 年的 34.1%（见图 4-3）。2015 年末，英国 50 岁及以上人口有 1277.8 万人，其中劳动人口为 920 万人，占比为 72%，而 321 万名失业人口中约有 104.2 万人处于疾病缠身状态（老年照护对象），有 51.1 万人（约占 4%）积极寻找工作。[①] 为了提高老年人的福利待遇，英国出台了一系列鼓励老年人延长工作时间或再就业的老年激励项目，比如组建“老年行动联盟”，制定“雇主指导手册”等，该项目旨在消除雇主对老年人的歧视，鼓励老人积极参与工作，并激励企业主对再就业老人的包容性等。[②]

（二）英国养老金跨国转移的具体规定

总体来看，英国养老保险制度的设计是灵活的、便携的。自 1925 年，英国养老保险计划建立以来，个人养老保险权益就可以在英国境内转移。英国现行国家基础养老金法案规定，只要参保人达到法定退休年龄，可以立即转移。相比而言，员工要加入职业年金计划并取得相应的保险权益则需要一个两年的“等待期”[③]，之后其既得的权益可以转移到其他养老计划中或者在退休时一并支付。一般情况下，个人的既得养老金权益可以随其职业的转变而转变。在新制度允许转入的情况下，英国公民还可以将他的个人养老金权益在特定的职业年金计划或者其他个人养老金计划中转移，而且养老金的利益相关人不应收取任何费用。当员工停止工作或者从事其他工作，养老金账户余额可以输出，也可以留存在个人专属账户中，待领取时按照年度价格上

① Fuller Working Lives　Background Evidence，January 2016：https：//www.gov.uk/government/uploads/system/uploads/attachment_data/file/319948/fuller-working-lives-background-evidence.pdf.

② Age positive initiative，11 Mar. 2015：https：//www.gov.uk/government/collections/age-positive#history.

③ 1975 年，英国引入了法定接管期限的要求。1988 年，接管期限由原来的 5 年下降为 2 年。

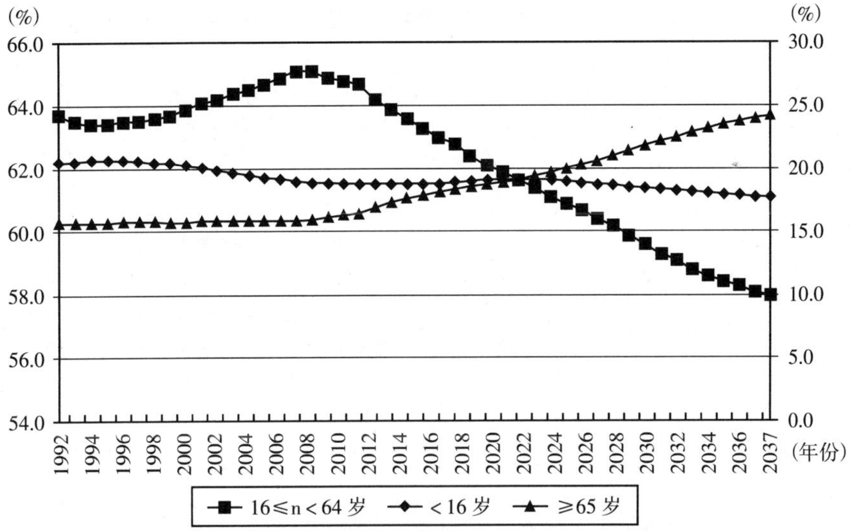

图 4-3　英国人口结构变动趋势图（1992~2037 年）

注：左侧为 16~64 岁人口占比变动趋势，右侧为 16 岁以下及 65 岁以上人口占比变动趋势。
资料来源：英国国家统计局，http://www.ons.gov.uk/ons/guide-method/user-guidance/well-being/index.html.

涨率重新估值（上限为 5%），因此留存到账户中的养老金具有长期保值增值的特点。

从养老金国际转移支付的角度来看，英国的养老金可以输出到世界任何一个国家，包括欧盟国家及美国、土耳其和加拿大等 16 个双边国家。[①] 英国完全遵循《欧共体 1408/71 号条例》中关于社会保障体系的协调原则，允许所有欧洲经济区国家公民和瑞士公民在英国自由流动，而他们的社会保障权益不受劳动力流动的影响，但是养老金转出年度问题要依据双边互惠协定的具体规定。截至 2013 年 8 月，英国工作和养老金部已向近 1300 万名的养老保险参与人支付养老待遇。其中，120 万人生活在英国境外，他们中的近 56 万人（占 46%）年度养老金额保持不变，而其他 66 万人的养老金待遇与英国居民一样按照生活成本调整（见表 4-2）。[②]

① State Pension If You Retire Abroad：https：//www.gov.uk/state-pension-if-you-retire-abroad.
② 英国政府工作和养老金部：https：//www.gov.uk/government/organisations/department-for-work-pensions。

表 4-2　2013 年 8 月英国境外养老金待遇水平的调整情况

冻结的养老金			调增的养老金		
前 10 国	金额（本币）	百分比（%）	前 10 国	金额（本币）	百分比（%）
澳大利亚	250820	45	美国	140220	21
加拿大	154160	28	爱尔兰	131140	20
新西兰	57980	10	西班牙	106580	16
南非	37630	7	法国	60810	9
印度	5240	1	德国	40500	6
巴基斯坦	4080	1	意大利	38050	6
日本	3720	1	塞浦路斯	18400	3
泰国	3710	1	牙买加	17370	3
尼日利亚	3130	1	荷兰	11730	2
也门	2590	0	瑞士	10950	2
合计	558920	100	合计	661190	100

资料来源：英国政府工作和养老金部：https：//www.gov.uk/government/organisations/department-for-work-pensions。

二、“开放性协调机制”在爱尔兰养老金领域的应用

爱尔兰现行养老保险计划由公共养老金和私人自愿补充养老金两大部类三支柱构成。公共养老保险计划又包括有待遇确定型基础养老金和家计调查型养老津贴［The State Pension（non-Contributory），SPNC］构成，其中前者又分为国家强制养老金［The State Pension（Contributory），SPC］和过渡性国家养老金［The State Pension（transition），SPT］①。2012 年，每个参保人每周可领取 230.30 欧元的强制养老金（包括过渡养老金），约占平均收入水平的 33.1%。家计调查养老津贴待遇率略低于强制养老金，为 80 岁以下老人支付的待遇率为 219 欧元/周，约占平均收入水平的 31.5%。② 爱尔兰国内还有三种私人养老计划，即职业年金、个人养老储蓄账户（Pensional Retirement Savings Accounts，PRSAs）和退休年金合约（Retirement Annuity Contracts，RACs）。

① 过渡性国家养老金，是具有完全缴费记录的参保人，提前到 65 岁退休，在退休前收到的过渡性养老基金，该基金于 2014 年已经取消。

② Hughes，Gerard and Jim Stewart（2011），“Pension Reform and the Party Manifestos”，PPRG Working Paper No.2：http：//www.tcd.ie/business/assets/pdfs/Pensions-Reform_&__Party_Manifestos［1］. pdf.

（一）爱尔兰养老保险制度的协调性改革

第一，建立养老计划自动进入机制。

2010年，爱尔兰政府出台了《国家养老金框架》，该框架决定修订现行的养老金框架，并整合职业养老金计划，将员工逐步纳入DC型养老计划和国家补充养老计划的覆盖范围，实现国家养老金计划制度覆盖范围的扩张。此外，《国家养老金框架（2010）》建议年龄超过22岁的未参保员工自动纳入DC型养老计划体系下，由雇主、雇员和政府共同承担相应的缴费责任。然而，框架本身并未给出详细的替代率、进入机制等内容。在当前经济萧条的大背景下，爱尔兰的自动进入框架遇到了许多障碍，比如潜在参保人可能会将储蓄资金使用到其他领域。

第二，逐步提高最低退休年龄。

爱尔兰没有固定的退休年龄，职工退休年龄一般由雇佣合同约定。2004年4月1日之前，爱尔兰的最低退休年龄是65岁，其中警察和消防员等特殊工种人群可提前到55岁。2011年《社会福利和养老金法案（2011）》决定，爱尔兰要逐步提高最低退休年龄，预计到2014年达到66岁，其中警察的退休年龄上调到60岁，预计到2021年退休年龄从66岁上调到67岁，到2028年再次从67岁上调到68岁。[①]

（二）爱尔兰养老金跨国转移支付的具体规定

第一，跨国流动劳动力在爱尔兰享有养老保险的基本条件。

爱尔兰养老保险的覆盖人群为年满16岁以上的所有公民，最低缴费年限为52周，法定退休年龄为66岁。国民基本养老保险缴费分为11档，参保人可根据个人所从事的工种和工资收入水平选择不同档次下的缴费率，而缴费分级并不影响个人的社会保障权益。[②] 如果参保人年收入超过10036欧元，则可按照2%、4%或者7%的缴费率缴纳保费。爱尔兰的福利津贴依赖

---

① The Social Welfare and Pensions Bill 2011：http：//www.irishstatutebook.ie/2011/en/act/pub/0009/index.html.

② 爱尔兰养老保险计划分A、B、C、D、E、H、J、K、M、S和P11个档次。目前，绝大多数爱尔兰人属于A级养老保险计划的覆盖范围。在A档下，当个人税前总周薪低于352欧元时，个人无须缴费，雇主缴纳职工工资水平的8.5%；当周薪高于352欧元，个人缴纳总收入额的4%，收入低于356欧元时，雇主缴纳8.5%，高于356欧元，则雇主缴纳10.75%。参见：http：//www.citizensinformation.ie/en/social_welfare/irish_social_welfare_system/social_insurance_prsi/social_insurance_classes.html。

于家计调查结果和居住期限等条件。[①] 目前，爱尔兰的个人养老金可以在欧洲 32 国及加拿大、美国、澳大利亚、日本和韩国等 8 个双边国家自由流转，养老待遇计算方式完全遵循《欧共体 883/2004 号条例》和《欧共体 1408/71 号条例》。上述国家的公民，凡在爱尔兰有 1 周以上的可参保就业经历，即可参加爱尔兰的养老保险，并按照爱尔兰养老保险的缴费标准缴费。另外，这些流动人员在爱尔兰连续居住 2 年以上就可自愿申请获得永久居民资格。[②] 在欧盟成员国间流转时，参保人需要在工作国家的社保机构领取 U1（以前为 E301）表格和 E104 表格，这些表格涵盖了公民在某国参保的具体信息。U1 表格用来申请医疗保险，E104 表格用来申请失业保险。一般个人从提出申请，到取得养老金待遇需要 13 周，最多不超过 26 周的时间。

第二，养老金跨国支付的基本程序。

养老金跨国支付的前提条件是申请人应在爱尔兰至少有 1 周的可参保就业经历，并在爱尔兰法律规定的范围内至少缴费 52 周。养老金待遇计算遵循累计计算和按比例发放等基本原则。跨两个或两个以上国家参保的参保人在退休前 6 个月向当地社保经办部门提出申请。爱尔兰养老金待遇计算程序[③]：第一步，估算名义养老金额。所谓名义养老金额，是按照爱尔兰的名义缴费率，统一核算参保人在爱尔兰及其他国家的应得养老金额；第二步，应得养老金待遇计算公式为（A×B）/C，其中 A 为名义养老金缴费率，B 为在爱尔兰的缴费额，C 总缴费额（爱尔兰+其他国家）。案例分析：假设彼得今年 66 岁，他在爱尔兰工作生活 5 年，之后去德国工作 10 年，退休前在爱尔兰又工作了最后 5 年。他在爱尔兰和德国分别有 520 周的养老缴费记录。他的妻子 61 岁，工资收入是唯一收入来源，周薪是 250 欧元。那么，彼得的总缴费周数为 1040（520+520）周，总缴费 20 年，年均缴费周数为 52（1040/20）周，故彼得对应的养老金名义缴费率为 278.8 欧元，包括个人的 230.3 欧元，加上其妻子工资收入增加的 48.5 欧元，则彼得在爱尔兰实际应得养

① http：//www.pensionsauthority.ie/en/News_Press/News_Press_Archive/The_Pensions_Authority_publishes_statistics_for_defined_benefit_schemes.html.

② Moving to or from Finland：how to get covered by the finnish social security system and what happens when you move from finland to another country，KELA：http：//www.kela.fi/documents/10180/578772/Moving_to_or_away_from_Finland_brochure.pdf/1227c8f2-a10e-4d11-a546-c7e4f4f7da4c.

③ http：//www.citizensinformation.ie/en/social_welfare/irish_social_welfare_system/social_assistance_paym-ents/residency_requirements_for_social_assistance_in_ireland.html.

老金额为 139.4 欧元（278.8×520/1040）。[1]

三、“开放性协调机制”在瑞典养老金领域的应用

瑞典的养老保障制度覆盖范围极广，几乎涵盖所有在瑞典生活和工作的人。瑞典现行养老保险体系由三支柱构成，即额外投保养老金、收入关联养老金和保障养老金三个公共养老金计划，SAF-LO、ITP、PA03、KAP-KL 四个综合职业养老金（见表 4-3），个人养老金构成，此外还包括养老金储蓄所得的税收处理。每个在瑞典有工作且有缴费记录的个人都可以加入瑞典的养老保险体系。瑞典三个公共养老金计划分别为 FDC、NDC 和最低养老金保障制度，综合缴费率为 18.5%，其中 16%计入个人账户，2.5%进入额外投保年金账户。

表 4-3　瑞典最大的四个职业年金系统

名称	覆盖人群	养老金类型	缴费率（以平均工资为基数）	起始年龄
SAF-LO	蓝领职工	FDC	4.5%	25 岁
ITP	白领职工	FDC	7.5%，上限不超过 30%	25 岁
PA03	中央政府雇员	FDC 和 PAYG 下的 DB	2.0%~2.3%（≤30%）	23~28 岁
KAP-KL	地方政府雇员	FDC 和 PAYG 下的 DB	4.5%	21~28 岁

注：在 ITP 和 PA03 制度下，个人养老金收益大于基准工资 7.5%的参保人，则以退休前 7 年中工资水平最高的 5 年工资平均数为基准。
资料来源：笔者整理所得。

（一）瑞典养老保险制度的协调性改革

第一，创建以“NDC”制度为核心的多支柱养老保险计划体系。

1994 年，瑞典提出新的养老金改革方案。[2] 1999 年，瑞典开始着手建立以名义账户制（NDC）为核心的新养老保险计划体系，包括名义账户养老金计划（NDC）、基金个人账户（FDC）和保障养老金构成，2003 年正式生效。从 2000 年开始，瑞典开始执行新的国民养老金系统。新国民养老金系统由三部分组成，即收入养老金、额外投保养老金以及对低收入群体和无收入群

① State Pension (Contributory): http: //www.welfare.ie/en/Pages/State-Pension-Contributory.aspx.
② Ministry of Health and Social Affairs, Reformerat Pensionssystem (A Reformed Pension System), Stockholm: Allmänna Förlaget, 1994.

体提供的基础养老金。瑞典的保障养老金建立于2003年，取代了过去以基础养老金和补充养老金为基础的国家养老金计划。保障养老金是税收体系的一部分，参保人可以享受税收抵扣。获得全额保障养老金的基本条件是，达到法定退休年龄65岁，且在瑞典境内居住40年。如果居住期不足40年，比如35年，则应得养老金额按比例递减为35/40。此外，瑞典引入了一系列非缴费型养老津贴计划，如2003年引入的老年“生活费用补助”政策就是一种全新的家计调查型补贴政策，旨在保证65岁及以上老人过上相对体面的生活。[①] 在新国家养老金计划下，瑞典还引入了弹性调整指数，将个人的养老金待遇水平与消费价格指数和终身收益相衔接。

此外，瑞典还积极推进职业年金和个人养老储蓄计划等补充性养老计划的发展。目前，瑞典职业年金系统包括白领年金计划（ITP，DB型）、蓝领年金计划（SAF-LO）、公务员年金（DB型）和城市居民年金（DC型），这四大综合职业年金几乎涵盖了80%的工人。ITP计划覆盖了16%的职员，从2007年起ITP计划完全由DB型转变为DC型。综合来看，职业年金收入占个人最终养老收入的60%~65%，其对那些没有资格获得国家基础年金的人来说意义重大。瑞典的私人养老储蓄计划可享受税前抵扣优惠政策。

第二，采取多元化激励措施，鼓励人们延长工作年限。

从养老保险制度设计来看，瑞典融入了终身收入的基础激励原则，并通过“多缴多得”的设计理念，激励人们工作更长时间，以获得更高的养老金权益。从法定退休年龄角度来看，瑞典引入了弹性退休年龄制，从61岁开始职工可根据自身情况逐渐减少工作小时，同时将法定就业权延伸到67岁。这意味着，瑞典的职员可以在61岁到67岁自由选择退休时点（见表4-4）。从养老保险计划的财务长期可持续角度来看，瑞典引入了保险精算原则，将个人退休后应得年度养老金待遇额与年金因子和预期余命相关联，实现了个人养老金“长缴长得”，也维持了制度的长期财务平衡。从个人收入纳税政策来看，瑞典是欧盟成员国中极少使用“递延型税收”（ETT）优惠政策的国家之一。此外，瑞典通过发行养老金年度报告等形式提高养老保险计划的透明度，让每个参保人都清楚个人已积累的养老金额以及退休后可能领取的养老待遇水平，以此吸引人们留在职场。

---

① 瑞典养老金制度结构设计：http：//www.pensionfundsonline.co.uk/content/country-profiles/sweden/90。

表 4–4　瑞典平均预期余命和最低退休年龄测算

出生年份	达到 65 岁年份	65 岁时的预期寿命	动态调整的退休年龄	预期余命	比 1930 年出生者增加年数
1930	1995	82 年 5 月	65 年 0 月	17 年 5 月	0 年 0 月
1940	2005	84 年 0 月	65 年 2 月	18 年 10 月	1 年 5 月
1945	2010	84 年 8 月	65 年 6 月	19 年 4 月	1 年 11 月
1950	2015	85 年 3 月	66 年 4 月	19 年 3 月	1 年 10 月
1955	2020	85 年 9 月	67 年 1 月	19 年 3 月	1 年 10 月
1960	2025	86 年 3 月	67 年 5 月	19 年 5 月	2 年 0 月
1965	2030	86 年 9 月	67 年 9 月	19 年 8 月	2 年 3 月
1970	2035	87 年 3 月	68 年 1 月	19 年 10 月	2 年 5 月
1975	2040	87 年 8 月	68 年 4 月	20 年 0 月	2 年 7 月
1980	2045	88 年 1 月	68 年 8 月	20 年 2 月	2 年 9 月
1985	2050	88 年 6 月	68 年 11 月	20 年 3 月	2 年 10 月
1990	2055	88 年 10 月	69 年 2 月	20 年 5 月	3 年 0 月
1995	2060	89 年 2 月	69 年 4 月	20 年 7 月	3 年 2 月

资料来源：Annual Report of the Swedish Pension System 2014.

（二）瑞典养老金跨国转移的具体规定

第一，跨国流动劳动力在瑞典享有养老保险的基本条件。

瑞典的养老金可以在欧洲 32 国和波黑、加拿大、佛得角、智利、以色列、摩洛哥、塞尔维亚、土耳其和美国等 10 个双边协议国家自由流转。欧洲 32 国公民可在瑞典自由居住和工作，前 6 个月无须向人口管理局登记注册，如果长期居住则需获得长住居民卡。其他国家公民，首先要获得瑞典的工作许可权，前 24 个月只能在特定的行业工作，转换工作需要重新申请许可，24 个月之后转换工作则无须申请新的许可证。在瑞士居住 1 年以上的任何非成员国公民，均需去瑞典税政局取得瑞典身份卡，身份卡包含个人在瑞典的社会保险缴费等纳税信息。一般情况下，流动劳动力在瑞典取得工作当天即可加入瑞典的基础养老计划，在瑞典居住 1 年以上，有完整的缴税记录和社保缴费信息，达到最低退休年龄 65 岁即可领取相应的养老金待遇。在瑞典居住 3 年以上，则可以申请参与收入调查型补充养老保险。另外，其他国家公民及其家属需在人口管理局登记注册，并获得瑞典公民卡，其中在欧盟工作或居住 5 年及以上者，则有权申请瑞典永久居住权，并获得永久居民卡。

第二，瑞典养老金跨国转移支付的具体程序。

在 NDC 制度下，瑞典养老金的可携性得到大大提升。养老金转移支付具体程序为：①个人在达到退休年龄之前至少 3 个月内向最后工作或居住的地方社保经办机构提出申请。②个人材料认证。如果参保人在瑞典以外的其他国家，他需要将申请材料在居住地人口登记局、社保局或者公安局进行认证。③信息汇总。④养老待遇估算。⑤跨国支付。其中步骤（3）~步骤（5）完全遵循欧盟养老金协调原则下的核算方式。

第三节　养老保险“开放性协调机制”在芬兰和意大利的应用

2006 年和 2009 年，芬兰、希腊、西班牙、葡萄牙、意大利、冰岛、荷兰、卢森堡、法国、丹麦、挪威 11 国陆续向新成员国开放劳动力市场。这些国家养老保险制度模式差异明显，下文将进一步分析“开放性协调机制”下养老保险制度调整较大的国家芬兰和意大利。

一、“开放性协调机制”在芬兰养老金领域的应用

芬兰的法定养老保险条例可追溯到 20 世纪 30 年代，经过 80 余年的发展，养老保险制度已十分稳健。从制度架构来看，芬兰的养老保险制度由三支柱体系构成，即收入关联型养老金、国家养老金和保障养老金。所有在芬兰工作的雇员（包括自雇者）和雇主均可以获得收入关联型养老金，国家养老金仅提供给无业或者收入较低的员工，而保障养老金是最低的养老保障收入。此外，芬兰还有兼职养老金（Part-time Pension），是参保人达到退休年龄之前，降低工作时间而获取的部分养老金。从融资模式来看，75%的养老缴费来源于现付现收制，25%来源于基金累积制。其中，收入关联型养老计划的积累率为年均工资水平的 1.5%，并随着年龄的增加而不断上升，在 53~62 岁积累率为年均工资水平的 1.9%，在 63~68 岁积累率上调为年均工资水平的 4.5%。从待遇领取年龄来看，收入关联型养老金弹性退休年龄为 63~68 岁，而国家养老金的一般退休年龄为 65 岁，可申请提前退

休年龄为 63 岁。[①] 2010 年之前，个人可获得的养老金待遇只与居住期限、工资水平挂钩，之后养老金待遇额与工作年限、人口自然增长率和预期寿命系数相关。[②] 截至 2015 年底，芬兰收入关联养老计划参与人 143.8 万人，其中 139.2 万人与其工作生涯相关；55%是女性；老年养老待遇领取人 121.8 万人，其中残障补助金领取人 21.9 万人，兼职养老金领取人 1.2 万人。[③]

（一）芬兰养老保险制度的协调性改革

根据欧盟养老保险开放性协调原则，芬兰养老保险制度体系进行了三次综合性改革。

第一，养老金计划的综合性改革。

2002 年 9 月 5 日，“开放性协调机制”刚刚引入到欧盟成员国养老保险领域，芬兰政府就决定对收入关联型养老金计划进行动态调整，改革于 2005 年 1 月正式启动。此次改革是芬兰养老金制度体系 40 年以来最大的一次综合性改革。具体改革内容如下[④]：一是建立了弹性退休年龄制。2005 年之前，法定退休年龄为 65 岁，改革后退休年龄设为 63~68 岁。参保人达到 62 岁时，可申请提前退休，63~68 岁退休老人的月均养老金额由兼职养老金和提前退休养老金构成，后者为月标准养老金额的 40%。二是引入了养老金待遇年度自然增长指数。养老金年度自然增长率与参保年限挂钩，养老金年度增长率在 18~52 岁为 1.5%，在 53~63 岁为 1.9%，在 63~68 岁为 4.5%。三是引入了一系列社会津贴。如失业津贴、工作调整津贴、赡养老人津贴和抚育子女津贴。四是将最低年龄限制从 23 岁调整为 18 岁。五是引入预期寿命调整指数。2010 年，预期寿命系数正式生效，用以调整 1948 年及以后出生人口的应得养老金待遇额。该调整系数用来抑制预期寿命上升对养老金支出造成的压力，与月养老金待遇之间呈负相关关系。六是执行工资指数和收入关联型养老金指数。工资指数和收入关联型养老金指数均由年度工资变动率和价格水平决定，其中，前者工资变动率的权重为 0.8，消费价格指数的权重为 0.2；而后者工资变动率的权重为 0.2，消费价格指数的权重为 0.8。七是增加雇员缴费率，而自雇者执行灵活缴费率。养老金缴费率与年龄挂钩。

① http：//www.infopankki.fi/en/living-in-finland/work-and-enterprise/pension.

② http：//www.tyoelake.fi/en/nainelakemuodostuu/paljonkosaanelaketta/Pages/default.aspx.

③ http：//www.etk.fi/en/service/earnings-related_pension_recipients/740/earnings-related_pension_recipients.

④ http：//www.etk.fi/en/service/pension_reform_in_2005/1503/pension_reform_in_2005.

53 岁及以上员工的养老金缴费率比年轻人养老缴费率高 30%，多缴部分在雇员和雇主之间平均分配。

为降低养老金赤字，芬兰于 2011 年 5 月再次对养老金计划进行改革，增设了现收现付制子账户（第一支柱），由芬兰社会保险局管理。雇员向第二支柱的缴费比例由改革前的 7.3%降至 2.3%，节省下来的 5%进入第一支柱的现收现付子账户；2013 年后，第二支柱个人账户缴费逐渐增加，至 2017 年将上升至 3.5%，而第一支柱子账户的缴费部分将相应减少。[①]

表 4–5　2014~2015 年芬兰收入关联型养老待遇计算因子及收入限制

项目		2014 年	2015 年
雇员	生于 1953 年之前	5.55%	5.7%
	生于 1953 年及之后	7.2%	7.05%
自主择业者	生于 1953 年之前	23.7%	23.3%
	生于 1953 年及之后	25.2%	24.8%
调整指数	工资系数	1.350	1.363
	收入关联型养老金指数	2519	2519
预期寿命调整系数		0.97200	
雇员收入限制	总保险额下限（欧元/月）	56.55	57.10
	总收入，不包括社会津贴（欧元）	16965.05	17128.41
自主择业者收入限制	年收入下限（欧元）	7430.59	7502.14
	年收入上限（欧元）	168750	170375
	失业保障金（欧元）	8520	12326
	农民收入下限（欧元）	3715.29	3751.07

资料来源：KELA：http：//www.tyoelake.fi/en/Pages/Contributions-and-limits.aspx.

第二，2005 年之后芬兰养老金制度的动态调整。

2007 年 1 月 1 日，新的《职业养老金法案》正式生效，原来三个私人部门养老金法案合并为一个。2010 年 1 月 1 日，新修订的《中央劳动力市场机构养老金法案》正式生效。此次改革的主要目的是提高收入关联型养老金制度的财务稳定性，具体措施是从 2011 年起将兼职养老金领取年龄提高到 60 岁，同时降低养老金援助水平。此外，遗属津贴和残障津贴也相应下调。[②]

① http：//epaper.dfdaily.com/dfzb/html/2014-08/19/content_917339.htm.

② http：//www.etk.fi/en/service/pension_reforms_after_2005/1597/pension_reforms_after_2005.

第三，2017 年工作寿命延长措施具体化。

2014 年 9 月，芬兰中部劳动力市场机构和芬兰政府达成深化养老金改革的协议，改革方案于 2017 年生效。养老金计算的年龄段更加统一，且最低缴费年龄下降为 17 岁。到 2025 年，最低退休年龄提高到 65 岁。同时，新的养老金体系中将引入服务年限养老金，此项养老金适用于工作环境恶劣且乏味的公众。①

（二）芬兰养老金跨国转移的具体规定

第一，跨国流动劳动力在芬兰享受养老保险的基本条件。

享有芬兰社会保险权益的基本条件是居住原则。根据《芬兰社会保险立法（1573/1993）》的规定，外国居民在芬兰居住 2 年以上，或者与雇主有 2 年以上劳务合同，或者在芬兰的工作时间和薪水达到规定水平，则可以加入芬兰社会保障体系。一般外国居民在芬兰连续工作 4 个月以上就可申请儿童家庭看护津贴和公共医疗保险金；如果连续工作 4 个月到 2 年，则可申请儿童津贴和疾病津贴；如果每周至少工作 18 小时而且月工资水平低于 1134 欧元，则可申领芬兰基本养老金和遗属津贴；如果连续工作 2 年以上，被认为是永久居住，则可完全加入芬兰的社会保险体系。②

第二，芬兰养老金跨多国转移支付的具体规定。

凡满 16 岁且在芬兰居住至少 3 年的外国人，达到法定退休年龄前 6 个月内应向居住国养老经办机构提出申请，并提供有证明的服务信息，如工资条或者社保缴费登记信息，经审核通过，即可按月领取养老金。员工的参保缴费期可累计计算，在芬兰居住至少 1 年以上，则欧洲 32 国居住的时间可累计计算。总体而言，芬兰的收入关联型养老金可以无条件地输出到其他国，而国家养老金和遗属津贴只能输出到其他欧洲 31 国，以及美国、加拿大、智利、以色列和澳大利亚等与芬兰签订双边协定的国家。芬兰与奥地利签订了老年养老金双边协定，可互相输出。此外，参保人在芬兰以外的国家居住 3 个月以上 1 年以下时，芬兰社保局会持续向其常规账户支付国家养老金，一旦超过 1 年以上且未达到法定退休年龄，则立即停止向该账户提供国家基础

① http：//www.etk.fi/en/gateway/PTARGS_0_2712_499_770_3448_43/http%3B/content.etk.fi%3B7087/ publish-edcontent/publish/etkfi/en/uutiset_uusi/agreement_on_2017_earnings_related_pension_reform_final.pdf.

② http：//www.kela.fi/documents/10180/578772/Moving_to_or_away_from_Finland_brochure.pdf/1227c8f2-a10e-4d11-a546-c7e4f4f7da4c.

养老金，而保障型养老金和住房津贴只支付给在芬兰境内居住的参保人。[①] 公民在两个及以上国家参保的养老金支付程序以及芬兰应该支付的养老金待遇水平完全遵循《欧共体 883/2004 号条例》和《欧共体 1408/71 号条例》。

二、“开放性协调机制”在意大利养老金领域的应用

早在 20 世纪 90 年代，意大利养老保险制度就经历了非常深刻的重组。重组的主要目的是：一是进行养老金结构调整，实现制度再平衡，降低养老保障的财政压力；二是统一碎片化的养老保险系统。[②] 1993~1995 年，意大利养老保险制度由以单一支柱为主的 DB 型制度转型为以 NDC 为核心的多支柱保障体系（1996 年生效），并以税收优惠措施激励“解雇补偿金”（Termination Indemnity Payments，TFR）的发展。同期，法定退休年龄上调为男 65 岁、女 60 岁，最低缴费年限为 20 年，养老津贴不低于社会保险金的 1.5 倍。[③] 1997 年，公私部门的养老金价格调整指数一致化。目前，意大利养老金计划由三支柱构成，即以 NDC 为主的国家社会保险体系（INPS）、自愿职业年金计划和私人年金计划。[④]

（一）意大利养老保险制度的协调性改革

2002 年，“开放性协调机制”引入到意大利养老保险领域以后，意大利再次开启了养老金制度整合步伐，至今共进行了 7 次不同程度的协调性改革。其中，2004 年、2011 年改革幅度较大。2007 年推动了补充养老金制度发展，正式引入了“综合转换系数”，以简化管理程序。2010 年提高了公共部门女性退休年龄。

第一，2004 年意大利 NDC 养老保险制度配套性改革。

2004 年，在 NDC 制度体系下，意大利政府做出了一系列配套改革[⑤]：一是提高就业率和养老保险制度替代率，使养老金待遇领取条件更加苛刻；二

① Keith Ambachtsheer：The Pension System in Finland：Institutional Structure and Governance，Finnish Centre for Pensions，2013. 和芬兰养老金支付经办机构 KELA：http：//www.kela.fi/web/en/pension.

② 详见：Article 3 of Law 421/1992，Legislative Decree 503/1992，Article 11 of Law 537/1993，Paragraph II of Law 724/1994，Law 335/1995，Law 662/1996 and Law 449/1997。

③ http：//www.pensionfundsonline.co.uk/content/country-profiles/italy/113.

④ 意大利养老金概览：http：//euracs.eu/summaries/italy-pension-summary/.

⑤ Law 243/2004；Report on National Strategies for Future Pension Systems，Italy 2008.

是提高最低退休年龄，使男性提高 4 岁（雇员至少上升到 61 岁，自雇者上升到 61 岁），女性提高 3 年到 60 岁；三是建立养老基金（Pension Fund），取代解雇补偿金（2007 年 6 月 30 日生效）；四是修订综合调整系数（2010 年生效），使工作年限和预期寿命相关联，系数调整期由过去每 10 年一次转变每 3 年一次；五是建立合理的、便利的新养老金缴费分配系统，推进缴费税收抵免和养老待遇分期付款系统。

第二，2011 年意大利养老保险制度的综合性改革。

根据 2011 年意大利财政法，具体改革措施为[①]：一是逐步统一不同部门的最低退休年龄。二是从 2012 年起养老金制度体系逐渐由收入关联型向缴费关联型转变，以保证未来养老金制度的可持续发展目标。三是“转换系数”与预期寿命发展相衔接，有利于刺激人们晚退休。四是加大了提前退休养老金待遇领取资格限制，预计到 2014 年缴费年限男性从 40 岁增加到 42 岁 1 个月，女性从 41 岁 1 月增加到 41 岁 3 个月。对于 1996 年以后出生的人群，到 63 岁退休时，社会保险最低缴费为 20 年，且应领到的最低养老金津贴不低于社会基金的 2.8 倍（见表 4-6）。五是完善养老保险计划体系，使养老金实现跨区域转移和账务透明化管理等。

表 4-6 养老保险最低缴费年限变动

缴费年限	男性	女性
2012 年 1 月 1 日~2012 年 12 月 31 日	42 岁 1 月	41 岁 1 月
2013 年 1 月 1 日~2013 年 12 月 31 日	42 岁 5 月	41 岁 5 月
2014 年 1 月 1 日~2015 年 12 月 31 日	42 岁 6 月	41 岁 6 月
2016 年 1 月 1 日	42 岁 6 月	41 岁 6 月

资料来源：意大利国家社会保障研究院，http：//www.inps.it/。

表 4-7 意大利分部门提高法定退休年龄

退休年龄	紧缩方案之前	《122/10 法案》后	《214/11 法案》后	法定退休年龄	预期标准退休年龄	最小退休年龄	预期标准退休年龄
	2008 年	2011 年	2012 年	2013* 年	2018** 年	2021*** 年	2050 年
公共部门（男）	65 岁	65 岁	66 岁	66 岁 3 月	66 岁 7 月	67 岁	69 岁 9 月
私营部门（男）	65 岁	65 岁	66 岁	66 岁 3 月	66 岁 7 月	67 岁	69 岁 9 月

① 意大利养老金制度及 2011 年改革：http：//www.destree.be/RPS/L.%20Piatti.pdf。

续表

退休年龄	紧缩方案之前	《122/10 法案》后	《214/11 法案》后	法定退休年龄	预期标准退休年龄	最小退休年龄	预期标准退休年龄
	2008 年	2011 年	2012 年	2013* 年	2018** 年	2021*** 年	2050 年
公共部门（女）	60 岁	61~65 岁（2012 年）	66 岁	66 岁 3 月	66 岁 7 月	67 岁	69 岁 9 月
私营部门（女）	60 岁		62 岁	62 岁 3 月	66 岁 7 月	67 岁	69 岁 9 月
社会津贴 *	65 岁	65 岁	65 岁	65 岁 3 月	66 岁 7 月	67 岁	69 岁 9 月

注：* 首次按预期寿命变动自动调整 3 个月；** 实际养老金领取年龄要与预期寿命自动调整；*** 实际退休年龄可能比 67 岁更高。

资料来源：意大利社会保障研究所，http：//www.inps.it。

第三，2012 年递延式推迟法定退休年龄。

2012 年 1 月 1 日，意大利政府决定将 1995 年 12 月 31 日以后出生的参保人口缴费年限降低至 20 年，同时要渐进式提高各部门的法定退休年龄，构建法定退休年龄与预期寿命之间的自动调整机制。从表 4-7 可以看出，意大利各部门法定退休年龄呈渐进式上升趋势。预计到 2021 年，各部门最低退休年龄均上调为 67 岁，并实现与预期寿命相一致的要求。[①]

（二）意大利养老金跨国转移接续的具体程序

第一，跨国流动劳动力在意大利享受社会保险的基本条件。

根据意大利社会保险法规定，社会保险对雇员和自雇者是强制性的。因而，所有流动劳动力都有权平等地享有津贴和社会福利。具体为[②]：凡合法居住在意大利的公民均可以享受医疗保险、生育险和现金津贴等医疗保险范畴，申请资格依赖于家计调查；失业保险适用于缴费期不低于 52 周的城市居民和工人；所有职工（包括雇员和自雇者）强制参加工伤险；凡满 65 岁（女 60 岁），且缴费不低于 20 年的均可获得老年养老金。如果养老缴费期超过 35 年，也可额外获得养老津贴。

第二，意大利养老金跨区域转移接续的具体规定。

意大利的养老保险可携性依赖于保险本身的资金筹集模式，即缴费型还是非缴费型。理论上，参保人应得养老金、遗属津贴和残障津贴等长期福利

① 意大利社会保障研究所，http：//www.inps.it。

② Johanna Avato：Portability of Social Security and Health Care Benefits Italy，the World Bank，Mar. 2008.

可以输出到国外。在实践操作中，国家基础养老金只能输出到意大利的双边国家，且要求缴费不得低于 10 年。养老保险在欧盟成员国间转移接续依据《欧共体第 1408/71 号条例》和《欧共体第 574/72 号条例》等法规，双边协定国家遵照双边合同，其他国家依据意大利国家法律，具体转移金额依据个人在意大利的缴费情况确定。

第四节 养老保险"开放性协调机制"在德国、奥地利的应用

2011 年 5 月，德国、奥地利和瑞士陆续向新成员国开放了本国的劳动力市场。至此，欧盟 15 国已全部取消了对新成员国劳动准入的限制条件。

一、"开放性协调机制"在德国养老金领域的应用

德国养老保险制度可追溯到 1889 年俾斯麦时代建立的《养老金保险法》，现行的《养老金保险法》是 1911 年制定并于 1957 年和 1972 年补充修订而成。20 世纪 80 年代，尤其是民主德国和联邦德国重新统一后，德国的养老保障体系运行中的不确定因素不断增加。因此，从 1992 年起，德国开启了漫长的养老保险制度改革的历程。此次改革，德国调整了养老金计算公式[①]，引入退休年龄影响因子等。[②] 同时，法定退休年龄提高到了男性 65 岁和女性 60 岁。1999 年，德国联邦政府颁布《法定养老保险改革法》，该法在养老金计算公式中引入人口发展因子（Demographic Factor）[③]，使因领取年份增加而

① 1992 年后，德国养老金计算公式又调整了 3 次，社保缴费逐步向税费转变。具体如下：1992 年之前以总收入为基准；1992~1998 年以净收入为基准，到 1998~2000 年又按照通货膨胀率计算。

② 1992 年新养老金计算公式为，月应得养老金金额等于服务年限×调整因子×养老金现值。1992 年之前，养老金计算公式以服务年限为主要调整因子，1992 年后，退休年龄逐渐成为关键因子。65 岁为法定退休年龄，每提前一年退休，养老金将减少 3.6%，每推迟一年退休，养老金会随着服务年限的增加而增加。详见 Barbara Berkel and Axel Börsch-Supan：Pension Reform in Germany：the Impact on Retirement Decisions，2004：http：//www.mea.mpisoc.mpg.de/uploads/user_mea_discussion-papers/tnm62ivgnt6rcr0e_tnm62ivgnt6rcr0e_ISSP2.5-FinArch-Rev-01Apr04_zs.pdf。

③ 人口发展因子是根据德国 1992 年养老金改革以来 65 岁人口平均预期寿命的变化情况来确定，与性别没有关系，将关注的焦点放在人口出生率、就业趋势等方面。

额外支出的养老金能公平地摊销到保险缴费者和养老金领取者身上。目前，德国养老金保险体系由国家法定养老保险、职业养老保险及个人养老储蓄三支柱构成，后两者为补充养老金。国家强制养老保险覆盖85%以上的劳动人口，8%的劳动人口纳入公务人员养老计划，9%的自主择业者纳入私人养老储蓄计划。①

（一）德国养老金制度的协调性改革

进入21世纪后，德国年度养老保险金支出随老龄人口和提前退休人口的增加而不断攀升，养老保险制度的财务可持续性受到严重的挑战。于是，德国联邦政府分别于2001年5月、2004年3月和2014年2月对养老金制度进行再修订。改革的主要措施如下：

第一，改革和完善传统的现收现付制养老金制度。

2001年以来，德国通过采取补贴或免税等多种激励措施将企业养老计划和个人养老储蓄计划引入到养老保障体系中，实现养老保险制度由较单一的法定养老保险体系向三支柱体系转变，进而确保养老金待遇水平不断提高（2001年里斯特改革和2004年吕鲁普改革②）。德国法定养老保险制度起决定性作用，而企业养老保险计划和个人养老保险计划起辅助和补充作用，三者在劳动力收入中的配比分别为85%、6%、9%。为减轻国家养老保险对财政补贴资金的依赖，德国政府着力推动第二三支柱补充养老保险计划的配比，促使企业养老计划和个人养老计划的基金累积规模不断扩大，进而形成三足鼎立的局势。之后，德国企业养老基金被称为"里斯特基金"③，该基金创始人里斯特部长建议通过税收优惠政策和政府补贴方式，增加企业养老保险的吸引力。2014年7月1日，德国新《养老金改革草案》正式运行，构建了养老保险制度自动调整机制，如图4-4所示。

第二，提高了法定退休年龄。

21世纪初，德国法定退休年龄在OECD国家中为最低水平。从2000年开始，德国政府计划逐步提高本国养老保险的法定退休年龄，预计从2012

① http：//www.howtogermany.com/pages/german-retirement.html.

② 2004年Rürup改革是以德国政府咨询委员会经济学专家Rürup命名，他建议建立基础养老基金，让自雇者将收入所得税款直接转到基金账户，用于弥补所有职工的养老不足问题。而里斯特基金，主要是为参保人及其家属建立的基金。详见：http：//www.talkmunich.com/forum/pension/rurupbasis-pension-plans-for-self-employed-and-employees/？wap2.

③ 里斯特基金（Riester-Rente）设立的目的在于激励低收入职工进行额外储蓄。

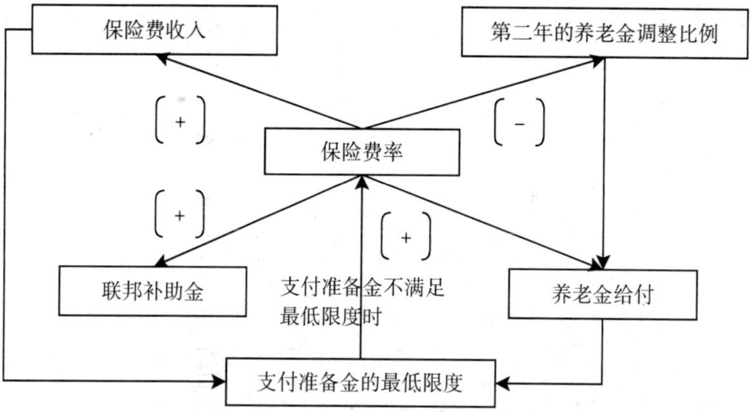

图 4-4　德国养老保险制度的自动调整机制

年到 2029 年退休年龄逐步提高到 67 岁（见表 4-8）。具体调整如下[①]：1947 年 1 月 1 日到 1958 年 12 月 31 日出生的员工，法定退休年龄每年推后 1 个月。1959 年到 1963 年出生的员工，退休年龄每年推后 2 个月。1964 年 1 月 1 日以后出生，法定退休年龄直接上调为 67 岁。同时，提前退休年龄随着新法定退休年龄的调整而调整，上调至 65 岁。其中，缴费年限为 35 年以上者则从 63 岁起可申请领取提前退休金，月提前退休金为月标准养老金额×97%。如果员工愿意推后退休，也可领取部分养老金（为全额养老金的 1/3、1/2、2/3）或者推迟养老金。此外，1952 年 1 月 1 日以后出生的残疾人或特殊工种员工，如矿工等，提前退休年龄从 60 岁上调为 62 岁（或 60 岁，缴费 25 年以上者）。2004 年德国颁布的《养老金可持续法》决定，每隔 4 年审慎决定是否继续提高退休年龄。

表 4-8　德国法定退休年龄动态调整

出生年份	法定退休年龄	待遇领取时间	出生年份	法定退休年龄	待遇领取时间
1851-1946	65 岁		1952	65 岁 6 月	2017.07~2018.06
1947	65 岁 1 月	2012.02~2013.01	1953	65 岁 7 月	2018.08~2019.07
1948	65 岁 2 月	2013.03~2014.02	1954	65 岁 8 月	2019.09~2020.08
1949	65 岁 3 月	2014.04~2015.03	1955	65 岁 9 月	2020.10~2021.09
1950	65 岁 4 月	2015.05~2016.04	1956	65 岁 10 月	2021.11~2022.10
1951	65 岁 5 月	2016.06~2017.05	1957	65 岁 11 月	2022.12~2023.11

① Germany –Pensions and other old age benefits：http：//ec.europa.eu/social/main.jsp？catId =1111&langId=en&intPageId=2559.

续表

出生年份	法定退休年龄	待遇领取时间	出生年份	法定退休年龄	待遇领取时间
1958	66 岁	2024.01~2024.12	1962	66 岁 8 月	2028.09~2029.08
1959	66 岁 2 月	2025.03~2026.02	1963	66 岁 10 月	2029.11~2030.10
1960	66 岁 4 月	2026.05~2027.04	1964	67 岁	2031.01~2031.12
1961	66 岁 6 月	2027.07~2028.06	1965 年以后	67 岁	其他年份 1 月到 12 月

资料来源：Regelaltersrente，http：//de.wikipedia.org/wiki/Regelaltersrente.

第三，降低养老金制度替代率和提高缴费率并举。

2001 年，德国政府决定将养老金缴费率从 18%逐渐提高到 2020 年的 20%和 2030 年的 22%。最低缴费年限为 5 年。与此同时，德国联邦政府决定降低养老保险制度的理论替代率，使最大应得养老金额从净收入的 70%下降到 67%。

（二）德国养老金跨国转移的具体程序

第一，跨国劳动力享有德国养老保险的基本条件。

根据德国养老保险法规定，任何人只要是在德国工作就有权利加入当地的社会保险。德国养老金待遇领取的基本条件是达到法定退休年龄，并有不少于 5 年的有效缴费期。所谓有效缴费期，包括参保人实际缴费月数以及其他视同缴费期，如求学或照料 3 岁以下儿童等，视同缴费年限最长不得超过 10 年。[①] 德国强制型养老金包括国家养老金、公务员养老金、职业养老金和农民老年养老金。所有的职工，包括农民、会计协会等工作人员，都必须至少参加一个强制型养老金。自主择业者则可自愿选择商业保险或者其他补充保险。2012 年 12 月 31 日以后，开始就业的低收入者也必须纳入强制型养老保险的范畴。强制型养老保险适用于月收入低于 450 欧元的零时工、年工作时间低于 2 个月（或不足 50 天）的短期工。应得的养老金额包括参保缴费、抵销的缴费和免缴费期的视同缴费。

截至 2015 年 3 月，德国的养老金综合缴费率约为月平均工资水平的 18.7%，雇主和雇员分别缴纳月平均工资的 9.35%。[②]

① Germany –Pensions and other old age benefits：http：//ec.europa.eu/social/main.jsp？catId =1028&langId=en.

② 截至 2015 年 3 月，联邦德国月最高工资水平为 6050 欧元，年最高为 72600 欧元；民主德国月最高工资水平为 5200 欧元，年最高为 62400 欧元：http：//www.howtogermany.com/pages/german–retirement.html。

第二，德国养老金跨国转移支付的具体规定。

根据德国国家法，德国的养老保险关系几乎可以输出到任何国家，包括欧盟国家和其他 18 个非欧盟双边协定国家，如土耳其和前南斯拉夫。德国养老保险待遇领取者如果是欧盟国家或者双边协定国家的公民，则可以平等地享受全额养老金的转移，但是非双边协定国家公民养老金转移则要求按养老金替代率的 30%抵扣率抵扣。此外，土耳其人和突尼斯人与德国公民一样，只要他们居住在任何一个欧盟国家或者本国，都会收到全额的养老金。

二、“开放性协调机制”在奥地利养老金领域的应用

奥地利养老保险体系堪称世界上最完善的制度体系之一。该制度体系的显著特征是，高私人养老储蓄率、广养老险制度覆盖率和合理的政府财政负担。预计到 2040 年，奥地利养老金支出占 GDP 比重仍不足 4%。奥地利现行养老计划体系由三支柱组成，即国家养老金计划、强制型职业年金计划和自愿养老储蓄计划。[①] 奥地利国家强制养老金计划是一种救济型福利基金，始创于 1908 年，现收现付制，几乎覆盖所有经济活动人口。强制型职业年金计划创建于 1992 年，雇主缴费率为工资基准的 9%（12%，2020 年），凡 18 岁以上 70 岁以下的纳税人均可参加。90%以上的雇员属于第二支柱覆盖人群。自愿养老储蓄计划创建于 2000 年，是第二支柱的附加缴费条例，参保人可享受税前抵免优惠政策，目前仅有 20%的员工有资格参加，约占个人退休收入的 12%。[②]

（一）奥地利养老保险制度的协调性改革

第一，逐步完善养老保险制度体系。

2000 年，奥地利养老保险制度变革决定，在未来 15 年内执行社会养老保险的协调性改革程序，引入私人养老储蓄计划和保障养老金。具体内容如

---

① 奥地利 5 个最流行的职业年金如下（2012）：零售基金，开放基金，覆盖近 1540.8 万名员工；产业基金，开放基金，覆盖 1166.4 万名员工；公共部门基金，仅向联邦和地方公共部门员工开放，覆盖 337.1 万名员工；自营养老基金（Self-Managed Superannuation Funds，SMSF），任何人可发起，需要有 1~4 名信托人，覆盖 52.4 万名员工；企业年金，仅限特定发起企业内部员工，覆盖 77.4 万人。详见：Australian Prudential Regulation Authority.

② Jule Agnew：Australia's Retirement System：Strengths，Weakeness，and Reforms，Center for Retirement Research at Boston College，No.13-5，April 2013.

下：一是延长缴费年限。在未来20年内，将养老金缴费年限从15年延长到18年。二是调整养老金计算公式。基准工资水平由退休前最后一年的工资水平调整为18年参保期内的平均工资水平。新养老金制度的过渡期从2003年1月1日起到2020年结束。三是提前或推后退休应得养老金抵免额的透明化。从2000年1月1日起，提前退休人员年度应得的养老金额统一按照标准养老金的2%抵免；延迟退休的“长缴养老金应得额”统一按照标准养老金的4%累加计算。长缴养老金应得额最大不能高于标准应得额的90%。① 四是充分发挥新财政制度和税收优惠政策，加强第二支柱和第三支柱补充养老金制度的构建。20年前，补充养老金制度引入时，不足1/10的经济活动人口参加了补充养老计划，员工综合缴费率仅为工资水平的3%，到2013年底约90%的雇员参与了各类补充养老计划，综合缴费率也上升至9%，预计未来还将继续上调至12%。② 五是整合碎片化的养老保险制度，促进国家养老保险制度趋同发展。建立公平统一的私人养老金计划，实现公务员养老金计划与一般养老计划统一，并试图为临时工作人员建立“兼职养老基金”。

第二，提高法定退休年龄。

根据奥地利特别宪法条例，奥地利政府于2000年起着手递延式推迟法定退休年龄、提前退休年龄的程序，并引入精算原则以实现养老保险计划的平稳发展。2002年10月，提前退休年龄率先上调1.5岁，男性为61.5岁，女性为56.5岁，预计从2019年1月1日到2028年1月1日实现男女提前退休年龄统一。法定退休年龄上调程序从2017年7月1日起启动，首年提高6个月，从65岁上升到65岁6个月，然后每两年上调6个月，直到2023年7月1日达到67岁（见表4-9）。③ 此外，奥地利还采用各种措施提高老人和年轻人就业率，从而实现养老金缴费来源稳定的目的。

（二）奥地利养老保险关系跨国转移的具体规定

第一，跨国流动劳动力在奥地利享有养老保险的基本条件。

跨国劳动力在奥地利领取养老金首先必须满足居住条件。申请养老金者必须本人在奥地利。同时，在奥地利居住时间不低于10年，或者10年以

① Report on the Austrian Pension Strategy 2002.

② Allison Schrager: Australia's Pension Plan has the Right Idea- If Only Retires Stopped Trying to Game it., http://qz.com/55166/australias-pension-plan-has-the-right-idea-if-only-retirees-stopped-trying-to-game-it/.

③ http://www.humanservices.gov.au/customer/services/centrelink/age-pension.

表 4-9 德国渐进式推迟法定退休年龄

生日日期	法定退休年龄
1952 年 7 月 1 日~1953 年 12 月 31 日	65 岁 6 月
1954 年 1 月 1 日~1955 年 6 月 31 日	66 岁
1955 年 7 月 1 日~1956 年 12 月 31 日	66 岁 6 月
1957 年 1 月 1 日以后	67 岁

资料来源：http：//www.humanservices.gov.au/customer/services/centrelink/age-pension.

上，其中至少 5 年居住在奥地利，并满足以下条件，如难民、退休之前已取得遗属津贴等，或者生活或工作在奥地利的缔约国，并满足东道国的居住条件要求。法定退休年龄不低于 65 岁。参保人应得的养老金额，将受个人基本条件的影响，如家庭状况、工资水平、资产和其他条件（见表 4-10）。据 2014 年统计数据，如果参保人年收入小于 7200 欧元，资产不足 28100 欧元，则可领取全额的国家养老金 28745 欧元。个人工资收入每多增加 27 欧元（≥7000 元/月），则养老金收益减少 13 欧元；资产每增加 1000 欧元（≥28100 欧元），则养老金收益减少 40 欧元。

表 4-10 个人家庭状况与养老金应得额的关系

单位：欧元

养老金周利率	单身	已婚	同居者	分居者
最大基准率	782.2	589.6	1179.2	782.2
最大养老金补充	63.9	48.2	96.4	63.9
能源补充	14.1	10.6	21.2	14.1
合计	860.2	648.4	1296.8	860.2
养老金周利率过渡期安排	单身	已婚	同居者	分居者
最大养老金补充	711.7	574.8	1149.6	711.7
能源补充	14.1	10.6	21.2	14.1
合计	725.8	585.4	1170.8	725.8

资料来源：http://www.humanservices.gov.au/customer/services/centrelink/age-pension.

第二，奥地利养老金跨国转移的具体规定。

一般情况下，奥地利的养老金几乎可以输出到世界上任何国家，即使这个国家与奥地利没有签订社会保障的双边协定。[①] 申请人首先必须满足享有

① Association of Austrain Social Insurance Institutions：https：//www.sozialversicherung.at/portal27/portal/esv_enportal/content/contentWindow? action=2&viewmode=content&contentid=10007.687363.

养老金的最低缴费期限。在国家货币准则的基础下，奥地利养老保险制度覆盖的退休老人只要通过审查，其养老金就可以通过银行系统以支票的形式实现境外直接支付，也可以通过在奥地利银行的非居民账户直接支付。如果没有养老金定期输出的双边协定，养老金领取者只需向奥地利养老保险经办机构提供一份健康证明即可领取相应的养老金。在奥地利，只有医疗保险权益的输出必须在双边协定的保障下执行。除欧盟成员国外，奥地利已经与土耳其以及所有的前南斯拉夫国家签订了医疗保险双边协议。这些协议覆盖了外派人员、养老金领取者、旅游人员以及他们的家属，确保流动劳动力在母国获得足够的医疗保险待遇。这意味着，养老金领取者可以从一个国家领取养老金，而生活在较容易获得医疗条件的其他区域。

第五节　养老保险“开放性协调机制”在部分新成员国的应用

2004 年，中东欧 10 国陆续加入到欧盟组织，面对老成员国“劳动力市场过渡期”安排，新成员国也给了同样的回应。2007 年爱沙尼亚和罗马尼亚加入欧盟，多数老成员国对他们执行严苛的劳动力市场放开条件，而所有新成员国则一直对他们放开了本国市场。就养老金制度改革而言，早在 21 世纪初世界银行就协助中东欧国家实行单支柱养老保障体系，经过 10 余年的发展各国养老金系统都得到了不同程度的改善，为此下文将选取改革起步较早的匈牙利做进一步分析。

一、“开放性协调机制”在匈牙利养老金领域的应用

匈牙利强制型养老计划始建于 1928 年，覆盖一半的成年人，但不包括农民和自主择业者。20 世纪 50 年代后至 80 年代前，匈牙利的养老金制度为典型的苏联国家养老模式，有着极高的理论替代率和相对固定的法定退休年龄（男 60 岁，女 55 岁）。[①] 到 20 世纪 90 年代，匈牙利老年抚养比急剧上

① Eligibility Criterion：Retirement Age：http：//www.onyf.hu/en/providing-system/old-age.html.

升，养老保险面临前所未有的养老金支付困境，即使当时的制度综合缴费率已高达30%~34%，制度改革也势在必行。因此，1991年10月匈牙利国会通过了一项新的养老金改革法案，决定建立三支柱的养老保障体系。1992年，一个独立的养老保险基金（PIF）建立，并从国家预算体系中独立出来，同期，一个类似的医疗保险基金（HIF）建立，拉开了匈牙利养老金私有化的序幕。[①] 然而，私有化基金的运行并不通畅，养老缴费急剧下降。1997年，国会决定将第二支柱的强制型养老基金交由私人部门管理，1998年1月1日正式实施（参见 Act LXXXLL of 1997）。[②] 到1999年8月前，参保人可自行选择留在传统的现收现付制内或转到全新的混合型养老保险制度体系。2002年，“开放性协调机制”引入匈牙利的养老保险领域后，又掀起了一系列养老保险的协调性改革。直到2013年，匈牙利的养老保险系统激进式的私有化改革并未从根本上改变养老保险制度的不持续性，导致匈牙利养老保险制度停滞和2010年倒退性改革。[③] 目前，匈牙利养老保险计划由两支柱组成，即公共养老金和私人养老金。公共养老金为现收现付制，第二支柱为强制个人账户制和自愿个人养老储蓄计划组成。新养老金制度的综合缴费率为26.5%，其中雇主缴纳18%，雇员缴纳8.5%。[④]

二、匈牙利养老保险制度的协调性变革

1998~2011年，匈牙利养老金私有化阶段。然而，私有化的养老金制度呈现长期财务不可持续和财政负担恶化的趋势。2010~2012年，为纠正匈牙利私有化养老金体系的结构性异常，匈牙利政府决定分步骤推进养老金改革，以确保养老保险制度的中长期财务稳定，预计到2050年一个良好的基础养老金体系将建成。

---

① HIF为医疗机构和病假工资发放融资，并负责残障津贴和遗属津贴。当残疾人和遗属达到法定退休年龄，基金会自动转入PIF，尤其负责两项基金支付。

② Eugene Golant.Hungarian Pension Reform：http：//martindale.cc.lehigh.edu/sites/martindale.cc.lehigh.edu/files/pension_reform.pdf.

③ 匈牙利的养老金计划改革过程中，财政部和社会福利部的观点不同，难分高下，最后财政部由于取得了世界银行的资金承诺和技术协助，而在养老金改革的争论中取胜，主导了养老金改革的方向，最终采取了激进的私有化改革方案（Nelson，2001）。

④ http：//www.pensionfundsonline.co.uk/content/country-profiles/hungary/115.

第一，重新建立两支柱的养老计划体系。

2010 年 12 月 31 日，匈牙利政府颁布了《CIXVII/2011 法案》，该法案规定将三支柱养老保险体系转回到两支柱的养老计划体系，即国家养老金体系和自愿私人养老储蓄计划体系，新制度体系于 2011 年 6 月 30 日正式实施。① 在新制度体系下，300 万参保人被迫将总额约 140 亿美元的养老金资产转移到政府管理的现收现付制养老金计划，不愿意转换的参保人将面临账户被没收和失去领取资格的结局。在 2011 年和 2012 年两个财政年度，匈牙利政府将分别提取 5300 亿福林和 2500 亿福林的财政资金用以弥补养老保险制度缺口。② 到 2012 年底，私人养老金制度仍然在运行，但是参保人已从 2010 年的 311.5 万人降到了 2012 年的 7.4 万人。③

第二，渐进式提高法定退休年龄。

1998 年，匈牙利改革法案决定，男性法定退休年龄于 1998 年和 2000 年分别增加 1 年，达到 62 岁，而女性法定退休年龄每两年提高 1 岁，直到 2008 年达到 62 岁，10 年间共提高了 7 岁。④ 2009 年初期，匈牙利议会引入了法定退休年龄动态调整机制，预计到 2011 年法定退休年龄继续上调至 65 岁，凡 1957 年以后出生的参保人均实行新养老金办法。⑤ 按照这一原则，每个出生年龄组的参保人法定退休年龄推迟半年。与此同时，匈牙利采取多种措施促进老年人就业率的提高，一定程度上保障了养老资金收入的稳定增长。

第三，实现养老金制度收支预算平衡。

根据匈牙利政府决策，从 2013 年 1 月 1 日起要实现养老金收支预算平衡。最终，雇主的养老保险税及个人缴费代替政府的养老缴费，实现国家养老保险制度平衡。政府的社会协同和社会看护责任要分开，并分别由国家养老基金和国家运营的新社会看护基金分别管理。同时，为每一个参保公民引

① Act CLXVII of 2011：http：//www.onyf.hu/en/? module=news&fname=onyf_en_left_kozlemenyek&root=ONYF.

② The Reform of the Hungrian Pension System，Ministry for National Economy：http：//www.mfa.gov.hu/NR/rdonlyres/97A1F1F0-92D7-42AE-A8AD-49A260C81066/0/ThereformoftheHungarianpensionsystem.pdf.

③ http：//www.onyf.hu/en/structure.html.

④ 例如，1942 年出生女性，则 57 岁退休；1943 年出生女性，则 58 岁退休；1944 年出生女性，则 59 岁退休；1947 年出生女性，则 62 岁退休。

⑤ Old Age：http：//www.onyf.hu/en/providing-system/old-age.html.

入一个“个人养老基金累积账户”。

三、匈牙利养老保险关系跨国转移接续的具体规定

根据匈牙利最新养老金法案规定，凡达到法定退休年龄 62 岁，缴费期不低于 20 年即可领取应得的养老金。跨国流动劳动力养老金转移依据欧盟条例或者双边协议执行。[①] 养老金支付额的估算，缴费达 15 年以上，养老金应得额为工资水平的 43%；缴费达 15 年以上者，每年增加 1 个百分点，直到 25 岁以上应得养老金额为收入水平的 63%；缴费达 36 年以上者，应得养老金额为工资水平的 74%；如果缴费期为 36 年以上，则应得养老金年度增加 1.5 个百分点；缴费达 40 年以上者，则缴费率每年上调 1.5%。[②]

第六节　欧盟成员国养老保险制度“开放性协调机制”的共同趋势

一、立法形式的趋同

自 2002 年“开放性协调机制”引入到养老保险领域，欧盟绝大多数成员国修订和发行了新的养老保险法律制度（见表 4-12 和表 4-13）。截至 2014 年 7 月，欧洲 32 国（包括 28 个成员国，加瑞士等其他 4 个欧洲经济区国家）中除比利时、法国、瑞士、荷兰、波兰、拉脱维亚、马耳他 7 个国家未对现行养老金相关法案做协同性修订外，其他国家共出台新法案 69 部，其中芬兰和希腊分别 10 部，意大利 8 部，克罗地亚和斯洛文尼亚分别从国民养老金、补偿养老金、养老津贴、强制养老保险和养老保险公司等方面出台了 5 部新的养老金法案。

---

① Individuals under the scope of the coordination regulations of the EU/EEA：http：//www.onyf.hu/en/international-pension-transaction/under-eu-coordination-regulations.html.

② Calculating the Pension Amount：http：//www.onyf.hu/en/providing-system/old-age.html.

二、渐进式推迟法定退休年龄

正如前文所述，人口流动化和高龄化已成为各国养老保障问题的“新常态”，而且这一趋势还有继续扩张的可能。为缓解养老保险的财务危机，欧盟成员国普遍采用了递延法定退休年龄的做法：一方面将养老待遇领取的标准年龄与预期寿命相关联，使法定退休年龄随着预期寿命的提高而不断提高；另一方面，延长劳动力工作寿命，并通过“多缴多得、长缴长得”等多种激励措施鼓励即将退休的老人继续留在工作中，或者返回到劳动力市场。21 世纪以来，欧洲 32 国中有 16 个国家实施了渐进式延迟退休年龄的改革措施，一般每年递增 1~4 月，直到退休年龄达到 67 岁左右，而斯洛伐克、葡萄牙和西班牙 3 国则将退休年龄调整机制直接与预期寿命挂钩。芬兰、挪威和瑞典 3 个国家采用弹性退休年龄，退休区间分别为 63~68 岁、62~67 岁和 61~67 岁（见表 4–11）。其他 13 个未对现行法定退休年龄做调整的国家，当期退休年龄水平较高，均在 65 岁以上。如丹麦、冰岛和挪威的退休年龄最高，男女都是 67 岁。此外，部分国家还通过严控养老金支付条件、降低提前退休养老待遇和增加延期退休养老待遇方式等，鼓励劳动者延长工作年限，推迟退休年龄。

表 4–11　欧洲 32 国及部分其他国家标准退休年龄变化（2015 年）

国家	现行标准退休年龄	未来标准退休年龄	国家	现行标准退休年龄	未来标准退休年龄
	男/女	男/女		男/女	男/女
奥地利	65 岁/60 岁	65 岁（2033）	立陶宛	63 岁 2 月/61 岁 4 月	65 岁（2026）
比利时	65 岁	67 岁（GP 2030）	卢森堡	65 岁	—
保加利亚	64 岁 4 月/61 岁 4 月	65 岁（2017）/63 岁（2020）	马耳他	62 岁	65 岁（2027）
克罗地亚	65 岁/61 岁 3 月	67 岁（2038）/65 岁（2030）；67 岁（2038）	荷兰	65 岁 3 月	67 岁及以上（2024；GP 2021）
塞浦路斯	65 岁	65 岁及以上（2018）	波兰	65 岁 7 月/60 岁 7 月	67 岁（2020）/67 岁（2040）
捷克	62 岁 10 月/58~62 岁	67 岁及以上（2041）	葡萄牙	66 岁	66 岁及以上（2016）

续表

国家	现行标准退休年龄	未来标准退休年龄	国家	现行标准退休年龄	未来标准退休年龄
	男/女	男/女		男/女	男/女
丹麦	65岁，67岁	67岁及以上（2022；2030）	罗马尼亚	65岁/60岁	65岁（2030）
爱沙尼亚	63岁/62岁6月	65岁（2026）/63岁（2016）；65岁（2026）	斯洛伐克	62岁/58岁3月~62岁	62岁及以上（2017）
芬兰	63~68岁；65岁	65岁及以上（RA 2027）	斯洛文尼亚	64岁4月	65岁（2016）
法国	65岁	67岁（2023）	西班牙	65岁3月	67岁（2027）
德国	65岁3月	67岁（2031）	瑞典	61~67岁；65岁	—
英国	65岁/62岁4月	67岁及以上（2028），68岁（2046）	加拿大	65岁	67岁（2029）
希腊	67岁	67岁及以上（2021）	冰岛	67岁	—
匈牙利	62岁6月	65岁（2022）	日本	61岁/60岁；65岁/63岁	65岁（2025）/65岁（2030）；65岁（2018）
爱尔兰	66岁	68岁（2028）	挪威	62~75岁；67岁	—
意大利	66岁3月/63岁9月	67岁及以上（2022）	瑞士	65岁/64岁	65岁（2020）
拉脱维亚	62岁6月	65岁（2025）	美国	66岁	67岁（2027）

资料来源：笔者整理所得。

三、公共养老金制度模式逐步向DC型转变

第二次世界大战后，多数欧盟国家采用DB型养老保险制度模式（见表4-12和表4-13）。到了20世纪末期，欧盟各国的公共养老保金制度逐步由DB型计划向DC型转化，最典型案例是瑞典引进的NDC制度模式。在NDC制度下，个人账户资产以年金形式累积，可携带性强。[①] 之后，NDC制度又被引入到波兰、意大利和拉脱维亚等国家养老计划体系。此外，德国和

① The World Bank has recently been using the term “non-financial defined contribution schemes” and has published a book on the advantages of this approach（See Holzmann & Palmer，2006）.

表 4-12　部分欧盟老成员国逐渐趋同的养老保险制度模式

项目	奥地利	丹麦	芬兰	法国	德国	意大利	卢森堡	瑞士	瑞典	英国
制度模式	PAYG	PAYG；Funded	国民养老金，地方政府财政；法定养老金和个人养老计划，PSYG	PAYG	PAYG	PAYG		第一支柱，PAYG；第二支柱，Fully-funded	部分PAYG；部分 Funded	PAYG
覆盖人群	强制保险适用于所有公民，自愿保险适用于15岁以上公民	社会保险适用于所有公民；补充保险适用于强制保险人群；缴费期达3年以上的其他雇员	国家法定保险适用于18~68岁参保人；补充养老保险适用于16~65岁居民	所有经济活动人群	强制保险适用于雇员和自雇职业者；自愿险适用于16岁以上在德国居住的公民和所有德国海外居民	私人部门的职工、自由职业者（农民、租户、工匠和商人）、公务员、专业人士和其他非典型就业人群	强制险：经济活动人口；自愿险：自愿申请	第一支柱：所有居住在瑞士的公民；第二支柱：25岁以上第一支柱参保人中年均收入超过17316欧元的人群；补充保险是强制险，适用于未覆盖人群	每一个生活或工作在瑞士的公民；与收入挂钩的补充养老保险只适用于1954年以前出生的人群	基础养老保险：所有职员和自主择业者；累积型养老保险：1961年4月6日至1975年4月5日缴费的所有职员
筹资模式	总缴费率22.8%，其中雇主10.25%，雇员12.55%。最高缴费上限，4530欧元/月，特别缴费限额9060欧元/年	基础养老金，无缴费，一般财政补贴；补充养老金，270马克/月，其中雇员1/3，雇主2/3	法定养老金，雇主：私人部门17.5%、地方政府部门23.7%、州政府20.4%；雇员5.55%，从53岁开始上升为7.05%；农民、自主择业者等23.3%，从53岁开始上升为24.8%（海员类：雇主11.4%，雇员11.4%）	基础养老金计划总缴费率为15.25%，雇员6.8%，雇主8.45%，其中缴费上限3129欧元/月，37548欧元/年。补充养老金计划，雇员3.05%，雇主4.58%。此外，法国还按照管理人员工资级别单独设立缴费标准	总缴费率为18.9%，雇员和雇主均为9.45%。收入低于450欧元/月，雇主缴纳15%。2014年年度缴费上限：老成员国公民71400欧元，新成员国60000欧元	总缴费率33%，雇员9.19%，雇主23.81%，年度缴费上限33073欧元	总缴费24%，雇主8%，雇员8%，州政府8%，缴费上限9605欧元/月	第一支柱：总缴费率为8.4%，雇员和雇主均为4.2%；自主择业者，7.8%。第二支柱，缴费率依据参保人年龄在7%~18%变动，雇主缴费至少等于雇员缴费	养老金，雇主10.21%，自主择业者7%；一般养老金缴费通过税收抵扣补偿	综合缴费率随收入水平变动，雇员基础养老金收入在191~805欧元的征收12%，在1007欧元以上的征收2%；雇主周收益额在191欧元以上的征收13.8%，其中从雇员工资中提取3.4%

续表

项目	奥地利	丹麦	芬兰	法国	德国	意大利	卢森堡	瑞士	瑞典	英国
法定退休年龄	男 65 岁，女 50 岁，到 2024~2033 年男女均提高到 68 岁	男女均为 65 岁	法定养老金：灵活退休年龄 63~68 岁，公共部门更低 国民养老金：男女均为 65 岁	强制险：1951 年 7 月 1 日前出生的为 60 岁；1955 年及以后出生的为 62 岁。其中，前者逐渐递增为 65 岁，后者递增为 67 岁补充险：65~67 岁取决于强制险	男女均为 67 岁。从 2012~2029 年，逐步递增为 67 岁，第一阶段每年增加 1 个月（65~66 岁）；第二阶段每年增加 2 个月（66~67 岁）。1963 年以后出生的人法定退休年龄均为 67 岁。如果参保年限为 45 年以上，最低退休年龄可降为 65 岁	私人部门：男性为 66 岁 3 个月，女性为 63 岁 9 个月；公务员男女均为 66 岁 3 个月；女性自由职业者为 64 岁 9 个月。到 2021 年上调到 67 岁，到 2050 年达到 69 岁 9 个月	男女均 65 岁	男 65 岁，女 64 岁	灵活调整的法定退休年龄，根据雇主意愿从 61~67 岁	基础养老金：男 65 岁，女 60 岁（2010 年 4 月 5 日前），之后逐渐上调到 2018 年 12 月的男女均为 65 岁，到 2020 年均上调到 66 岁

资料来源：笔者整理所得。

表 4–13　部分欧盟新成员国逐渐趋同的养老保险制度模式

项目	保加利亚	斯洛伐克	斯洛文尼亚	拉脱维亚	立陶宛	爱沙尼亚	波兰	罗马尼亚
制度模式	PAYG	第一支柱：PAYG；第二支柱：基金积累制	PAYG	第一支柱：PAYG；第二支柱：基金积累制	PAYG；基金积累制	第一支柱：PAYG；第二支柱：基金积累制	第一支柱：PAYG；第二支柱：基金积累制	PAYG
覆盖人群	职工、公务员、法官、军人、合伙人、管理者、电工、牧师、医学院研究人员、自由撰稿人、自由职业人、注册的农民，独资企业主等	第一支柱：强制参保人群，如年均收入超过国家平均工资水平 50%以上的自雇者；第二支柱：35 岁前自愿参保人群	经济活动人口；失业保险领取者等	第一支柱：所有职员和自雇者；第二支柱：1971 年 7 月 1 日后出生的强制参保人，以及 1951 年 7 月 2 日~1971 年的参保人群	强制保险为所有职员和自由职业者；养老保险为所有可能的参与人		经济活动人口；自愿险为强制险未覆盖人群	第一支柱：有固定居所（或国际法规定人群）；第二支柱：生于 1971 年 7 月 1 日以后的强制参保人群，以及 1961 年 7 月 1 日~1971 年 7 月 1 日出生的自愿参保人群
筹资模式	第一支柱，缴费与劳动安全性挂钩，分三级雇员：1960 年 1 月 1 日前出生的三级雇员，总缴费率 17.8%，雇员 7.9%，雇主 9.9%；1959 年 12 月 31 日后出生的三级雇员，总缴费率为 12.8%，雇员 5.7%，雇主 7.1%；一级和二级雇员情况，雇主分别多缴 3%；第二支柱，1959 年 12 月 31 日以后出生的，雇员 2.2%，雇主 2.8%	总缴费率 18%，雇员 4%，雇主 14%；自主择业者 18%；自愿参保者 18%。后两者的缴费下限为年均工资的 50%，缴费上限为 4025 欧元/月	总缴费率为 24.35%，雇员 15.5%，雇主 8.85%。最低工资水平为缴费下限。农民和自主择业者为 24.35%，缴费上限为月平均工资的 360%				总缴费率 19.52%，参保人 9.76%，雇主 9.76%。缴费上限为预算国家平均工资的 30 倍	

续表

项目	保加利亚	斯洛伐克	斯洛文尼亚	拉脱维亚	立陶宛	爱沙尼亚	波兰	罗马尼亚
法定退休年龄	第一支柱：男63岁8个月，参保37年8个月；女60岁8个月，参保34年8个月，从2011年12月31日起，法定退休年龄逐步每年递增4个月，直到女63岁，男65岁，同时参保年限逐年增加4个月，直到男参保年限为40年，女参保年限为37年。最低缴费年限为15年，非缴费型养老金领取年龄为67岁。2014年，临时停止了法定退休年龄和参保年限的上调的决定。此外，保加利亚又按照职业差异调整了相关法定退休年龄	老年养老金：男女均为62岁（多子女母亲，到2023年达到62岁）。从2017年起，法定退休年龄根据预期寿命逐渐上调	男女均为65岁	男女均为62岁3个月；到2025年上调为65岁，其中每年递增3月	男63岁，女61岁。从2012年起，女性每年递增4个月，男性每年递增2个月直到2026年实现男女均65岁	男63岁，女62.5岁。到2016年，法定退休年龄渐进式上升为男女均为63岁。从2017年到2026年，逐渐上调至65岁	养老保险金：女60岁，男65岁。从2013年1月1日起，每3个月增加1个月，逐步上调为男女均为67岁；部分养老金：女62岁，男65岁	养老保险金：男64岁10个月，女59岁10个月（2014年7月1日前），到2015年1月1日男上调为65岁，到2030年女上调为63岁

资料来源：笔者整理所得。

法国的公共养老制度模式采用的“积分制”，也类似于 NDC 制度。[①] 除了公共养老制度模式外，各成员国的职业年金计划和个人储蓄计划也向 DC 模式转变。英国、丹麦由职业年金计划逐步转变为 DC 型，在这些国家职业年金等补充年金是国内养老保险计划的重要组成部分。欧盟成员国公共、私人养老计划向 DC 型转变的原因是多方面的，但维持公共和私人养老保险计划财务的长期可持续性和促进社会保险权益跨区域转移等实际诉求，是促使各国养老制度模式向 DC 型转变的重要原因。为了减轻养老保险制度多年累积的财政负担，德国决定降低早期养老金的可用性，并采取措施限制其可获得性；斯洛伐克削减提前退休养老金，而荷兰则取消了早期养老金的税收抵免政策。此外，法国和希腊等国家设置了严格的养老保险缴费期规定，而捷克、爱沙尼亚、德国、匈牙利、卢森堡、葡萄牙、斯洛文尼亚和英国等国家则需要参保人就延迟退休期养老金溢价进行年度申报。[②] 2008 年 12 月，波兰停止了提前退休政策。

其他典型改革有：法国 2005 年，深化参数改革，以改善制度的可持续性[③]；德国 2001 年调整参数以及大力发展私人养老金；奥地利 2003 年实行福利削减计划[④]。除上述典型案例外，几乎所有欧盟国家都对公共养老计划的长期可持续性做了增量调整。

第七节　本章小结

欧盟在一体化过程中即寻求多样化的治理模式，在养老保险领域也进行了有益的探索。由于养老保险制度体系是欧盟成员国层面的事务，欧盟社会

① Legros，F.：“NDCs-a comparison of the French and German systems”，in Robert Holzmann and Edward Palmer（eds），Pension Reform：Issues and Prospects for Non-Financial Defined Contribution（NDC）Schemes，World Bank，Washington，D.C，2006.

② Labeaga，J. M.：“Employment trends of older workers，effective average age of exit from the labour market and the relationship age-productivity”，unpublished AIM discussion Paper，2006.

③ Lassila，J. and T. Valkonen：“The Finnish pension reform of 2005”，The Geneva Papers，Vol. 32，No. 1，pp. 75-94，January 2007.

④ Busemeyer，M.：“Pension reform in Germany and Austria：system change vs.quantitative retre-nchment”，*West European Politics*，Vol. 28，No. 3，May 2005.

保障公约等“硬法”运行不畅的情况下，欧盟于 2002 年将应用在就业战略的“开放性协调机制”引入到养老金领域。本章以欧盟老成员国对新成员国劳动力市场开放的时间为序，分组讨论了养老保险“开放式协调机制”在成员国层面的应用分析，回答了“开放式协调机制”能否通过它所确立的总目标，既提供充足的、可持续的现代化养老金，促成一种特殊养老金体系的形成；该机制如何在既定的原则和目标下影响各成员国的养老金措施。此外，本书还讨论了“开放式协调机制”对成员国养老金改革产生了的潜在影响。首先，绝大多数成员国实施了法定养老计划与收入挂钩的养老金改革。在养老金缴费期，他们开始注重养老金缴费积累，养老金投资收益，工资基准的调整，养老金指数，法定最低退休年龄逐步标准化等。其次，绝大多数成员国引入了人口调整因子，如德国、法国、奥地利和芬兰等现收现付制国家，波兰、瑞士和拉脱维亚等 NDC 国家以及所有的待遇确定型国家，他们将未来人口的变动趋势以及预期寿命的增长都作为参考变量。此外，部分国家还通过多缴多得多种手段激励人们延迟退休，以便获得充足的养老金。整体来看，“开放性协调机制”确实在养老金方面促使了成员国共同朝着一个“混合的”养老金模式转变，但是这种混合并非两种模式的简单加总，而是两种模式的因素不同比例的组合，是一种“有偏见的混合”。当然，“开放式协调机制”本身并不是成员国养老金改革的主要力量，但是它确实通过强调的群体压力等间接影响力促进了养老金改革的进程。

在养老金跨国转移接续方面，各成员国的公民只要符合输入国家的养老保险参保条件，比如参保人申请、居住期限满 3 个月、6 个月或者 1 年等基本规定，即可参加当地的养老保险计划，并按照当地的养老金积累方式进行积累，达到退休条件按期领取特定数额的养老金。转接程序完全按《欧盟社会保障公约》《欧共体 1408/72 号条例》和《欧共体 547/72 号条例》及其修订条例等执行，即暂时冻结、分段计算和按比例集中支付等原则。双边协定国家则在双边协定的基础上，参考欧盟养老金分段计算和累计支付等程序的具体规定。

第五章　欧盟成员国社会养老保险“开放性协调机制”实践效果分析

第二章至第四章依次对欧盟社会养老保险协同机制的发展历程、社会养老保险“开放性协调机制”的引入和在国家层面的应用状况展开了分析。从前述分析可知，欧盟社会养老保险“多元+协同”模式的发展，是历史的必然选择，更是成员国共同协商的结果。本章将利用计量分析方法，验证欧盟成员国社会养老保险的实践效果。

第一节　欧盟社会养老保险“开放性协调机制”的运行情况

一、欧盟国家人口流转总体状况

在欧盟区域一体化不断深化的进程中，欧盟推出了一系列促进单一劳动力市场形成，以及鼓励人口自由流动的政策措施。但是，金融危机期间，欧盟劳动力市场受到重创，成员国内部以及成员国之间的流动劳动力人数急速下滑。[①] 2010 年末，欧盟 27 国年度工作年龄（15~64 岁）人口跨国流动率仅为 0.2%~0.3%，而区际人口流动率略高于跨国人口流动率，约为 1%

① Sara Riso，Johan Ernest Oliver Secher and Tine Anderson：Labour Mobility in the EU：Recent Trends and Policies，Publication Office of the European Union，2014.
本段落数据，除特别说明外，均来自本书。

(见附表 5)。[①] 2011 年起欧盟区域内流动劳动力人数有所反弹，其中德国、英国、法国和意大利等国家为主要的目标输入国（见表 5-1 和表 5-2），而西班牙、希腊、波兰以及立陶宛等欧盟国家为主要的劳动力净输出国（见附表 6)。[②] 2008~2015 年，德国总流入人口中来自西班牙（从 7800 人到 23300 人)、意大利（从 20100 人到 764000 人）和希腊（从 8300 人到 32700 人）三国的人数占比为 8.6%，而来自其他欧盟成员国的人口占比为 14.9%。[③] 同期，奥地利人口流入数也从 2008 年的 109713 人增加到 2015 年的 214410 人，2015 年全年欧盟各成员国合计流入人口数（不包括海外回来的奥地利人）占总流入人口数的 60%左右。[④] 值得注意的是，奥地利、丹麦、荷兰、德国和英国等欧盟国家也因其优厚的福利待遇吸引着劳动力的流入(见表5-3)。

表 5-1　2007~2014 年欧盟前 9 位目标输入国家人口移入数

单位：人

国家 \ 年份	2007	2008	2009	2010	2011	2012	2013	2014
德国	680766	682146	346216	404055	489422	592175	692713	884893
英国	526714	590242	566514	590950	566044	498040	526046	632000
法国	293980	296608	296970	307111	319816	327431	332640	339902
西班牙	958266	599075	392962	360705	371331	304053	280772	305454
意大利	558019	534712	442940	458856	385793	350772	307454	277631
波兰	14995	47880	189166	155131	157059	217546	220311	222275
瑞士	165634	184297	160623	161778	148799	149051	160157	156282
罗马尼亚		138929	135844	149885	147685	167266	153646	155382
荷兰	116819	143516	122917	126776	130118	124566	129428	145323
比利时	146409	164152		135281	144698	147387	118256	124844

资料来源：Eurostat，2016.

① 欧盟劳动力数据来源于欧盟统计局劳动力调查数据和 OECD 国际移民数据库两个不同渠道，统计口径不同，具体数值略有差异，但不影响区域劳动力流动整体趋势特征的描述。

② Eurostat，2015：http：//ec.europa.eu/eurostat/data/database.

③ Destatis，2016：Area and Population—Migration Into and Out of Germany：http：//www.statistik-portal.de/Statistik-Portal/en/en_jb01_jahrtab5.asp.

④ Statistics Austria，2016：http：//www.statistik.at/web_en/statistics/PeopleSociety/population/migration/migration_total/index.html.

表 5-2　2014 年意大利人口流动情况

国籍	输入人数		输出人数		未知来源	
	规模（人）	占比（%）	规模（人）	占比（%）	规模（人）	占比（%）
罗马尼亚	942726	26.50	33762	19.30	50641	18.00
波兰	97782	2.70	7122	4.10	6502	2.30
其他国家（包括非欧盟国家）	2522871	70.80	133656	76.60	223807	79.70
合计	3563379		174540		280950	

资料来源：意大利国家统计局，2014。

表 5-3　2008~2013 年丹麦境内的外籍劳动力人数

单位：人

国家＼年份	2008	2009	2010	2011	2012	2013
波兰	14202	14603	14168	15237	16691	18096
罗马尼亚	2864	3754	4970	6930	9236	11329
德国	9159	9581	9600	9811	9831	10030
立陶宛	3058	3553	4349	5285	6033	6568
英国	5051	5111	5180	5399	5661	5964
瑞典	5618	5676	5588	5643	5648	5891
挪威	5535	5386	5255	5192	5189	5239
保加利亚	1045	1480	2072	2722	3370	4064
意大利	1846	1930	2081	2306	2606	3057
拉脱维亚	1251	1586	2028	2473	2685	2801
荷兰	2217	2227	2262	2359	2424	2555
法国	2056	2032	2031	2125	2216	2384
西班牙	1169	1169	1251	1469	1760	2213
匈牙利	944	1093	1251	1424	1716	2061
芬兰	974	969	937	1005	1054	1100
其他欧盟国家	4135	4280	4444	4861	5446	6266

资料来源：National Labour Market Authorty（Denmark）：http：//www.nyidanmark.dk/.

根据 2010 年欧盟晴雨表调查数据，被调查对象认为成员国社会保障权益的获得性和养老金权益的便携性是移民与否的关键因子，其中法国、奥地利和瑞典三国的社会福利可获得率（社会福利获得人数占受访总人数的比重）均超过了 20%，分别约为 24%、22%和 22%，而卢森堡、法国、奥地利、荷兰和比利时等国养老金权益的便携性相对较高，其便携率分别约为 16%、15%、14%、14%和 12%（见图 5-1）。

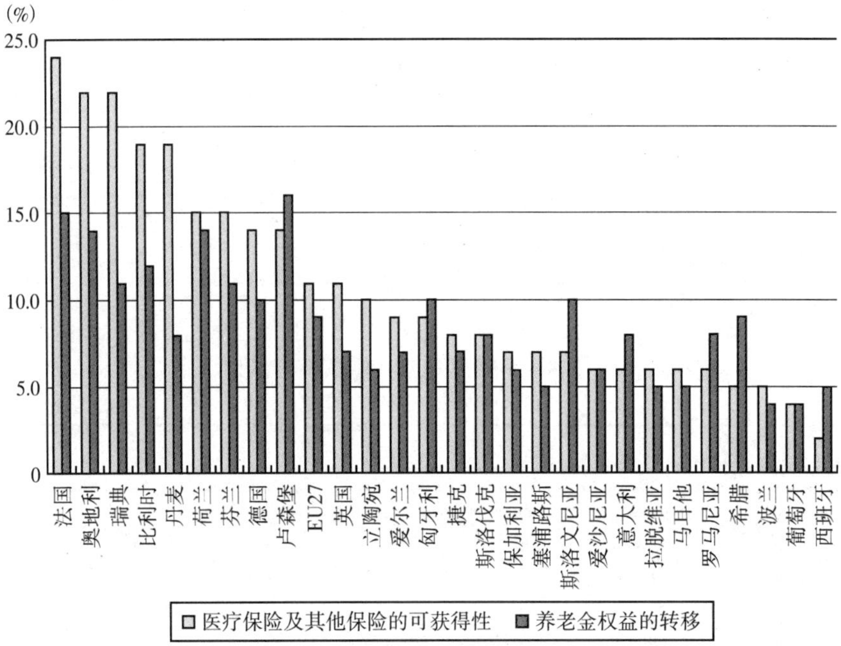

图 5-1 对欧盟成员国社会福利和养老金权利便携性的关注率

资料来源：European Commission，2010.

二、欧盟成员国养老保险待遇人数变动情况

从欧盟层面来看，欧洲 32 国养老金待遇领取人数不断增加（见表 5-4）。截至 2013 年末，欧洲 32 个国家养老金待遇领取人数合计为 14253.7 万人，比 2007 年增加了 508.6 万人，年均增长率为 0.61%。从成员国层面来看，2007~2013 年每年德国、法国、意大利、英国和土耳其 5 个老牌欧盟国家养老金待遇领取人数占总领取人数的 58.8%左右。其中，德国位居首位，2013 年全年养老金领取人数为 2345.4 万人，占欧洲 32 国总领取人数的 16.5%；冰岛是养老金领取人数最少的国家，2013 年总领取人数为 6.3 万人，比 2007 年增加了 8985 人。

三、欧盟成员国养老金收支概况

就养老金支出总额而言，2007~2013 年欧洲 32 国养老金支出规模均呈

表 5-4　2007~2013 年欧盟成员国养老金年度领取人数

单位：千人

国家＼年份	2007	2008	2009	2010	2011	2012	2013
欧盟 32 国	137451	139633	141368	144520	145515	146002	142537
德国	23409	23350	23450	23472	23578	23549	23454
法国	17120	17470	17810	18320	18270	18355	18616
意大利	16640	16643	16591	16571	16532	16456	16255
英国	14269	14522	14826	15000	15126	15279	15346
土耳其	9426	9705	10178	10594	11035	11529	10198
波兰	10034	9966	9938	9837	9714	9648	9889
西班牙	8484	8548	8751	8881	8994	9115	9252
罗马尼亚	5716	5691	5683	5647	5549	5453	5389
荷兰	3142	3157	3190	3223	3328	3408	3414
葡萄牙	2900	2905	2941	2953	2995	3020	3034
瑞士	2611	2666	2720	2782	2831	2880	2946
捷克	2773	2809	2846	2875	2931	2924	2916
瑞典	2495	2518	2529	2528	2533	2557	2587
奥地利	2283	2299	2340	2392	2382	2399	2423
匈牙利	2776	2766	2730	2687	2692	2209	2222

注：成员国选取以 2013 年养老保险总参保人数排序，前 15 位国家列表。
资料来源：Eurostat，2016.

上升趋势，其中 28 国养老金支出总额从 2008 年的 1073281 百万欧元上升到 1264210 百万欧元，占 GDP 比重分别为 9.8%和 10.6%。2013 年，法国养老金支出规模为 258202 百万欧元，居欧洲 32 国的第一位，占 GDP 比重为 12.8%，而希腊、意大利等欧洲五国的养老金支出占 GDP 比重增速较快，希腊从 2007 年的 10.1%上升到 2012 年的 15.5%，意大利从 2007 年的 12.1%上升到 2012 年的 14.5%（见附表 7）。

表 5-5　2007~2013 年欧盟部分成员国个人养老金年均收入额（2005=100）

单位：欧元/人/年

国家＼年份	2007	2008	2009	2010	2011	2012	2013
卢森堡	6148	6192	6490	6547	6703	6877	6975
瑞士	5261	5156	5344	5360	5456	5567	5666
挪威	4557	4783	4925	4889	5197	5520	5662
丹麦	4850	4848	5054	4982	4998	4964	5253

续表

年份 国家	2007	2008	2009	2010	2011	2012	2013
奥地利	4347	4448	4615	4693	4652	4702	4740
荷兰	4128	4193	4366	4421	4496	4520	4529
瑞典	4105	4168	4307	4187	4167	4283	4423
法国	3821	3865	4020	4100	4163	4212	4299
芬兰	3525	3520	3753	3828	3822	3917	4053
意大利	3674	3679	3809	3828	3802	3770	3759
冰岛	3316	3343	3397	3223	3590	3622	3732
比利时	3208	3363	3546	3585	3628	3580	3687
德国	3588	3594	3685	3684	3639	3715	3677
英国	3316	3401	3542	3537	3499	3602	3597
西班牙	2011	2023	2142	2208	2229	2248	2337

资料来源：Eurostat，2015.

就个人养老金年均收入额而言，成员国之间差异较大。2013 年，欧洲 32 国中个人养老金年均收入最高的是卢森堡，为 6975 欧元/人/年，其次是瑞士、挪威和丹麦，分别为 5666 欧元/人/年、5662 欧元/人/年和 5253 欧元/人/年，而保加利亚最低，为 370 欧元/人/年（见表 5-5）。2013 年，从养老保险综合替代率而言，欧洲联盟中有 17 个国家的养老金替代率超过了 50%，其中卢森堡、罗马尼亚、法国、意大利和匈牙利排前 5 位，分别为 78%、65%、64%、62%和 61%；而新成员国中有 6 个国家的养老金综合替代率超过 50%（见附表 8）。

表 5-6　欧盟部分成员国社会保险缴费收入构成（2007~2013 年）

单位：百万欧元

		2007 年	2008 年	2009 年	2010 年	2011 年	2012 年	2013 年
EU28			2014585	2008495	2059304	2129612	2188405	2357006
德国	总缴费	451076	468578	494367	508778	531258	549869	563385
	雇主缴费	250807	260398	265419	272712	281589	292690	300127
	中央政府	5908	6098	6315	6428	6612	6880	7013
	地方政府	41349	43313	44812	46189	47760	49126	50398
法国	总缴费	376850	387731	391714	400329	414531	427754	440054
	雇主缴费	253760	261742	263718	269451	281429	288748	295149
	中央政府	44778	45965	47804	49285	50716	52120	53102
	地方政府	16536	17580	18275	18769	19080	19692	20761

续表

		2007年	2008年	2009年	2010年	2011年	2012年	2013年
EU28			2014585	2008495	2059304	2129612	2188405	2357006
意大利	总缴费	231548	243734	241839	244409	247104	246619	245223
	雇主缴费	166862	172691	172995	175599	177870	174915	172736
	中央政府	29886	30402	31106	31874	32134	32038	32028
	地方政府	16370	17622	17490	17748	17353	16880	16687
英国	总缴费	215478	212892	201666	212955	224949	244134	241692
	雇主缴费	146165	144722	141591	151011	158857	168595	167675
	中央政府	2873	2639	2366	2798	2837	3103	3146
	地方政府	11438	17310	16290	16911	17658	19600	19238
荷兰	总缴费	121880	134542	129140	130086	137739	145321	149528
	雇主缴费	58772	64237	65061	62942	65288	68207	68618
	中央政府	4484	4901	5126	4651	4734	4894	5794
	地方政府	8376	9093	9093	9451	9481	9891	9267
西班牙	总缴费	147850	155604	152182	149763	149780	143887	139639
	雇主缴费	115357	122178	119447	116959	117149	112151	108079
	中央政府	9985	10611	10997	11466	12044	12299	12833
	地方政府	15245	16791	17692	17626	17814	17392	16166
奥地利	总缴费	49039	51836	52488	53593	55816	57665	59867
	雇主缴费	28577	30321	30641	31310	32656	33689	34872
	中央政府	2392	2375	2371	2351	2328	2301	2263
	地方政府	1661	1634	1626	1638	1649	1629	1727
挪威	总缴费	32255	35693	34922	39223	42797	48058	47690
	雇主缴费	21977	24773	24245	27181	29342	33133	32687
	中央政府	867	904	1010	1250	1236	1410	1523
	地方政府	0	0	0	0	0	0	0
丹麦	总缴费	16852	17949	17970	18153	18113	17788	18498
	雇主缴费	9888	10627	10591	10588	10467	10292	10854
	中央政府	764	738	732	719	392	382	372
	地方政府	21953	22915	25047	26778	26785	27830	28110

资料来源：Eurostat，http：//ec.europa.eu/eurostat/data/database.

目前，欧洲32国社会保障资金供给主要来源于三个渠道，即社会保险缴费收入、中央和地方政府财政补贴以及一般政府社会保障基金。2008~2013年，欧洲32国社会保险缴费收入总额在波动中增加，雇主缴费为各国社会保险缴费的主要来源，平均约占总缴费额的63.88%（见表5-6）。

2013年末，欧洲32国社会保险总缴费收入为2357006百万欧元，比上年同期增加了56401百万欧元，占GDP比重为16.8%。就成员国而言，德国、法国、意大利、英国和荷兰5国位居欧洲联盟前5位，总缴费分别为540077百万欧元（占24.8%）、427845百万欧元（占19.68%）、250854百万欧元（占11.54%）、236674百万欧元（占10.89%）和144170百万欧元（占6.63%）。

第二节　德国社会养老保险“开放性协调机制”的运行情况

德国是世界上最早建立以社会保险制度为核心的现代社会保障制度国家。总体来看，德国的养老保险制度本身相对完善，且一直是其他欧盟成员国乃至世界许多国家效仿的典型。根据德国养老金国家战略报告（2006~2008年），德国不断利好的经济形势和积极的社会政策是保障国民养老保险制度参与率的基础。在足额养老金、养老保险制度财务长期可持续和养老保险制度现代化三大战略目标的指导下，德国社会养老保险制度不断完善，也渐渐成为跨国转移就业者的主要目标输入国之一。为了保护本国劳动力市场稳定，2004~2011年德国采用了相对严苛的过渡期劳动力市场保护政策（包括养老保险政策），以此降低新成员国人口涌入带来的社会风险。

一、区域人口流动情况

到2014年末，德国人口总规模上升到1200万人，其中有移民背景的人口28%，净流入人口共计608千人，比上年同期增长了13%，是德国20年来人口流入量最大的一年。[①] 从表5-7可以看出，2007~2014年德国人口净流动规模呈现倒“U”型，其中外籍人口流入规模平均约占人口流入总规模的84.9%，而外籍人口流出规模平均约占人口流出总规模的78.3%。金融危

① Pensions in Employment in 2011：Just Under Nine in Ten With Statutory Insurance，2013：https：//www.destatis.de/EN/FactsFigures/SocietyState/SocialStatistics/SocialStatistics.html.

机爆发以后，德国籍公民跨区域流转速度降低，外籍人口流入流出规模明显下降，2007 年人口净流出量降到近 10 年最低水平 55.8 千人；2008 年之后，随着德国劳动力市场的逐步放宽，净流入人口规模转负为正，2014 年上升为 1265.6 千人（见表 5–7）。

表 5–7 德国年度人口流转情况（2007~2014 年）

单位：千人

	2007	2008	2009	2010	2011	2012	2013	2014
人口流入总数	680.8	682.1	721	798.3	958.3	1081	1226.5	1265.6
外国人口流入数	574.8	573.8	606.3	683.5	841.7	965.9	1108.1	1150.0
占比（%）	84.4	84.1	84.1	85.6	87.8	89.4	90.3	90.0
人口流出总数	636.9	737.9	733.8	670.6	679	712	797.9	657.6
外国人口流出数	475.7	563.1	578.8	529.6	538.8	578.8	657.6	540.0
占比（%）	74.7	76.3	78.9	79.0	79.4	81.3	82.4	82.0
净流入人数	43.9	–55.8	–12.8	127.7	279.3	369.0	428.6	608.0

资料来源：Federal Statistical Office（Statistisches Bundesamt，Destatis），https：//www.destatis.de/EN.

从外籍移民的出生国看，2007~2014 年波兰一直为德国第一大人口输入国，仅 2013 年输入人口 190.4 千人，占总人口输入数的 17.2%；罗马尼亚人口输入速度直线上升，输入人口数从 2007 年的 42.9 千人飙升到 2013 年的 139.5 千人，年均增长率为 18.4%（见表 5–8）。[①] 德国外籍人口输入排名前 10 位的欧盟国家中，有 6 个新成员国（包括土耳其、塞尔维亚等），4 个老成员国。

表 5–8 德国境内前 10 位欧盟成员国人口流入数

单位：千人

年份 国家	2007	2008	2009	2010	2011	2012	2013
波兰	140.0	119.9	112.0	115.6	164.7	177.8	190.4
罗马尼亚	42.9	48.2	57.3	75.5	97.5	120.5	139.5
保加利亚	20.5	24.1	29.2	39.8	52.4	60.2	60.9
匈牙利	22.2	25.2	25.3	29.3	41.1	54.5	60.0
意大利	18.2	20.1	22.2	23.9	28.1	36.9	47.5
希腊	8.0	8.3	8.6	12.3	23.0	32.7	32.1
俄联邦	15.0	15.1	15.7	16.1	17.5	18.8	31.4

① International Migration Outlook 2015– © OECD 2015.

续表

国家＼年份	2007	2008	2009	2010	2011	2012	2013
西班牙	8.6	7.8	9.0	10.7	16.2	23.3	29.0
塞尔维亚	2.2	7.0	9.1	19.1	18.4	24.1	28.7
克罗地亚	8.4	8.7	9.1	10.2	11.5	12.9	25.8
合计	286	284.4	297.5	352.5	470.4	561.7	645.3

资料来源：International Migration Outlook 2015：http：//ifuturo.org/documentacion/InternationalMigration Outlook.pdf.

从移民流入许可证的颁发情况来看，劳动力自由流动类、家庭团聚类和工作调转类为德国境外人口输入的主因，三者合计约占总许可流入人数的95%，而自由流动类人口流入数最高，2013 年共流入 354.8 千人，占总流入许可人口的 75.7%（见表 5-9）。从临时移民的流转构成来看，季节性工人是德国临时移民来源。2008~2012 年，德国临时移民中季节性工人年度平均流入人数为 209.5 千人。

表 5-9　德国境外移民流入许可情况及临时移民流入原因

境外移民	流入人口数（千人）		占比（%）	
	2012 年	2013 年	2012 年	2013 年
工作	22.1	24.3	5.5	5.2
家庭团聚	54.8	56.0	13.7	12.0
人道主义	18.4	30.7	4.6	6.5
自由流动	303.0	354.8	75.7	75.7
其他	1.8	2.4	0.5	0.5
合计	400.2	468.8	100.0	100.0
临时境外移民	流入人口数（千人）			年均流入人口数（千人）
	2005 年	2012 年	2013 年	2008~2012 年
国际学生	55.8	79.4	0.0	67.6
培训	2.6	4.1	3.9	4.8
季节性工人	329.8	305*	0.0	209.5
公司内部调拨	3.6	7.2	7.8	6.1
其他临时工人	63.6	24.3	23.9	31.7

资料来源：International Migration Outlook 2015：http：//www.oecd-ilibrary.org/social-issues-migration-health/international-migration-outlook-2015_migr_outlook-2015-en.

二、德国社会养老保险收支概况

就制度覆盖率而言，2011 年德国社会养老保险综合制度覆盖率约为 86%，其中雇员参保率为 90%，自雇者参保率为 54%，可见半数以上的劳动力参保。另外，德国 13%的职工参加了私人社会养老保险制度，其中雇员参保率为 9%，而自雇者参保率为 45%。[①]

根据德国联邦统计数据报告，2013 年末德国近 7388 千人（约占总人口的 9.1%，含 65 岁以下残障人）领取了最低社会养老金，其中约 499.3 千人为 65 岁及以上老人，比去年同期上升了 7.4%。[②] 另外，包括柏林等前东德人民福利领取比例为 13.3%，比前联邦共和国人民高出 5.2%。[③] 按照基础养老金领取人国籍来看，德国籍领取人占 80%左右，而外籍养老金领取人为德国籍领取人的 1/4，约占总领取人的 1/5，占境外输入人员总数的 8.75%。按照基础养老金领取人性别来看，男女性别配比由 2005 年的 40.8：59.2 转变为 2013 年的 59.5：40.5（见表 5-10）。

表 5-10 德国 65 岁及以上老人基础养老金待遇领取人数

单位：千人

年份	总计	德国人			外国人			
		男性	女性	合计	男性	女性	合计	占比（%）
2005	342.8	80.5	190.4	270.9	29.6	42.3	71.9	21.0
2006	364.5	89.4	200.9	290.3	30.5	43.8	74.2	20.4
2007	392.4	98.0	215.1	313.1	31.7	47.6	79.3	20.2
2008	410.0	105.4	222.1	327.5	33.2	49.2	82.5	20.1
2009	399.8	106.1	208.7	314.8	34.2	50.8	85.0	21.3
2010	412.1	111.3	211.1	322.4	35.8	53.9	89.8	21.8
2011	436.2	120.6	220.6	341.2	37.9	57.2	95.0	21.8

① Pensions in Employment in 2011：Just Under Nine in Ten With Statutory Insurance，2013：https：//www.destatis.de/EN/FactsFigures/SocietyState/SocialStatistics/SocialStatistics.html.

② Number of recipients of basic security benefits aged 65 or over rose 7.4% in 2013：https：//www.destatis.de/EN/FactsFigures/SocietyState/SocialStatistics/SocialBenefits/PublicAssistance/CurrentBasicSec-urity.html.

③ 7.38 Million Recipients of Minimum Social Security at the End of 2013：https：//www.destatis.de/EN/FactsFigures/SocietyState/SocialStatistics/SocialReporting/CurrentMindestsicherung.html.

单位：千人

年份	总计	德国人			外国人			
		男性	女性	合计	男性	女性	合计	占比（%）
2012	464.8	130.7	232.9	363.6	40.3	60.9	101.2	21.8
2013	499.3	143.2	248.8	391.9	43.0	64.3	107.4	21.5

资料来源：Statistisches Bundesamt，Wiesbaden 2015：https：//www-genesis.destatis.de/genesis/online；jsessionid.

2009~2010 年，德国社会保障支出总额为 760.6 百万欧元，其中养老保险和遗属津贴合计支出 292.7 百万欧元，占总社保支出的 38.48%。从老年养老金支付额来看，2007~2014 年德国月人均老年养老金变动幅度较小，其中男性月均养老金明显高于女性。同样地，其他类型养老保险月支出额也有明显的性别差异（见表 5–11）。截至 2013 年末，德国老年养老金月人均支付额为 766.1 欧元，其中男性为 1023.7 欧元，女性为 561.3 欧元，约为男性月养老金支付额的 1/2。① 根据欧盟社会养老保险“开放性协调机制”要求，德国的养老保险现代程度还有待进一步完善，不断降低性别差异对养老金支出额的影响。

表 5–11　德国月人均养老金支付额（分养老金类型及性别）

单位：欧元/人

		2007 年	2008 年	2009 年	2010 年	2011 年	2012 年	2013 年
残障津贴	男性	754.28	740.74	733.98	739.4	726.15	719.74	723.76
	女性	648.75	649.37	653.66	670.7	667.89	668.67	679.4
	合计	705.6	698.25	696.28	706.8	698.32	695.11	702.16
老年养老金	男性	984.39	988.03	1008	1003.3	1004.3	1021	1023.7
	女性	510.43	516.2	532	534.33	539.94	553.82	561.3
	合计	719.02	724.46	742.6	741.54	744.86	760.11	766.11
儿童福利	男性	596.63	590.05	601.3	604.67	603.88	605.26	593.83
	女性	726.34	733.28	748.8	745.59	745.38	755.79	760.54
	合计	716.67	722.06	736.9	733.86	733.01	742.02	744.52
抚养费	男性	188.46	188.25	189	189.01	—	—	—
	女性	—	—	—	—	—	—	—
	合计	188.46	188.25	189	189.01	—	—	—

① Statistisches Bundesamt，Wiesbaden 2015：https：//www-genesis.destatis.de/genesis/online/data.

续表

		2007年	2008年	2009年	2010年	2011年	2012年	2013年
遗属养老津贴	男性	235.38	238.49	245.4	246.61	250.57	255.58	259.73
	女性	549.05	552.74	566.3	565.33	568.19	578.72	581.79
	合计	520.9	523.45	535.2	533.3	535.22	544.09	546.26
孤儿抚恤金	男性	—	—	—	—	—	—	—
	女性	—	—	—	—	—	—	—
	合计	158.23	157.98	160.2	159.04	158.58	160.4	159.66

注：上述统计指标值均为每年7月1日数据。

资料来源：Statistisches Bundesamt，Wiesbaden 2015：https：//www-genesis.destatis.de/genesis/online/data.

综上所述，在“开放性协调机制”下，德国跨国转移就业人员约占总流入人口80%左右（包括工作调整和自由流动人员），而德国养老保险制度的综合覆盖率为86%，则可估算出2013年德国跨国转移就业者养老保险制度参与人数为843.8千人（1226.5×80%×86%）。

第三节　英国社会养老保险“开放性协调机制”的运行分析

为应对人口老龄化加速带来的危机，英国率先开放了本国劳动力市场，并通过优厚的福利制度吸引成员国公民到英国就业，以增加养老保险缴费人数。另外，英国还通过延迟退休、增加女工和青年人员就业率等多种措施，促进社会养老保险制度协调发展。总体来看，英国社会养老保险“开放性协调机制”运行良好。

一、区域人口流动情况

根据英国人口统计数据，英国境内的流动人口中，90%以上来自欧洲国家，其中英国本土移民约占80%，欧盟老成员国移民合计占比2.45%，新成员国移民占比2%。从人口流入时间段来看，英国年度劳动力流入数具有明显的时代特点。2000年之后，英国境内流入人口数快速上升，尤其是金融危机前后，英国人口流入量达到了高峰，年均流入人数约为 1206 千人（见表 5-12）。

表 5-12　按流入时间段和出生地划分英国年度流入人口累计数

单位：千人

	按出生国分类	欧洲合计													其他洲合计
		合计	英国	爱尔兰	其他欧洲国家										
					合计	欧盟合计	老成员国					新成员国		其他国家	
							合计	法国	德国	意大利	葡萄牙	合计	波兰		
输入人口	53961	49229	46502	406	2320	2016	913	128	272	134	88	1104	574	304	4733
英国境内	46502	46502	46502	0	0	0	0	0	0	0	0	0	0	0	0
其他国家	7459	2727	0	406	2320	2016	913	128	272	134	88	1104	574	304	4733
1961 年前	541	322	0	154	168	153	99	6	41	26	1	53	15	15	219
1961~1970	667	199	0	76	123	112	78	5	32	18	3	34	3	11	468
1971~1980	629	140	0	33	107	95	73	7	35	8	5	22	5	12	489
1981~1990	653	176	0	50	125	102	87	10	40	8	6	15	6	24	477
1991~1993	253	72	0	8	63	43	36	5	14	4	4	7	2	21	182
1994~1996	296	92	0	10	82	61	49	8	14	6	6	12	4	21	204
1997~2000	690	203	0	14	189	125	86	16	19	11	10	39	13	64	487
2001~2003	786	201	0	12	189	152	77	13	14	9	13	76	35	37	584
2004~2006	1155	551	0	16	535	496	111	19	22	13	17	385	263	39	604
2007~2009	1206	539	0	19	520	479	140	26	27	20	17	340	182	41	667
2010~2011	584	232	0	13	219	198	77	15	13	12	6	121	46	21	352

资料来源：Office for National Statistics，2011 Census（27 March），2016.

从长期国际移民的流入原因来看，英国境内长期移民流转的主要目的是寻求更好的工作和教育培训，两类流动人员约占长期总流入人员的 77.7%左右。以工作相关的流动人员中，工作调动人员占 62.1%，重新寻找新工作机会的人员占 37.9%（见表 5-13）。

表 5-13 2013 年度英国长期国际移民（按移民流动原因划分）

单位：千人

		全部居民	英国	非英国					
				合计	欧盟				非欧盟国家
					合计	EU15	EU8	EU2	
流入人口	合计	485	79	406	186	99	61	23	220
	工作相关	206	37	169	125	62	46	16	44
	目标工作	128	20	109	76	39	25	11	33
	找工作	77	17	60	50	24	21	5	11
	家庭团聚	69	10	59	15	6	7	1	45
	教育培训	171	9	162	40	27	5	5	122
	回国生活	19	18	2	1	1	—	—	1
	其他	16	4	12	4	2	2	—	8
	无原因	3	1	2	2	1	—	—	—
流出人口	合计	-295	-125	-170	-73	-45	-23	-3	-97
	工作相关	-181	-74	-107	-37	-24	-11	—	-70
	目标工作	-107	-53	-54	-24	-17	-7	—	-29
	找工作	-74	-21	-53	-13	-7	-5	—	-41
	家庭团聚	-27	-15	-13	-4	-3	-1	—	-9
	教育培训	-21	-6	-15	-8	-5	-2	-1	-6
	回国生活	-27	-2	-25	-19	-9	-8	-1	-7
	其他	-24	-17	-8	-3	-3	—	—	-4
	无原因	-15	-12	-3	-2	-1	-1	—	-1
净流动人口		190	-46	236	113	54	38	20	123

资料来源：Office for National Statistics，http：//www.ons.gov.uk/ons/datasets-and-tables/index.htmlq.

二、英国社会养老保险收支概况

根据英国工作和养老金部最新统计数据，英国社会福利支出总额和国民养老金支出总额呈逐年递增趋势，年均增长率分别为 5.33%和 5.93%。截至 2013 年末，英国社会福利总支出为 165360 百万欧元，其中国民养老金支出 79809 百万欧元，占总福利支出的 48.26%；海外社会福利总支出额 3529 百万欧元，海外国民养老金支出 3408 百万欧元，约占英国国民养老金支出的 4.27%，占海外社会福利支出的 96.55%。可见，英国向境外流动人员和本国流出人员社会福利的输出以养老金为主（见表 5-14）。

表 5-14　英国（包括苏格兰）社会福利及国民养老金年度支出

单位：百万欧元

	2007 年	2008 年	2009 年	2010 年	2011 年	2012 年	2013 年
社会福利总支出	118139	125131	133324	146268	151444	157673	165369
国民养老金支出	53663	57594	61584	66896	69835	74151	79809
占比（%）	45.42	46.03	46.19	45.74	46.11	47.03	48.26
海外社会福利总支出	2310	2471	2651	2884	3134	3213	3529
海外养老金支出	2174	2333	2511	2754	3016	3100	3408
占国民养老金支出（%）	4.05	4.05	4.08	4.12	4.32	4.18	4.27
占海外福利支出（%）	94.12	94.44	94.73	95.48	96.22	96.50	96.55

注：社会福利总支出包括残疾人生活津贴、住房补贴、工伤补贴、生育津贴、长缴津贴、国民养老金、军人津贴、最低收入津贴等。

资料来源：Department for Work and Pensions，https：//www.gov.uk/government/statistics/social-security-expenditure-in-the-united-kingdom-including-scotland.

从养老金领取人数来看，2013 年末英国 65 岁以上养老金领取人数共有 12540.8 千人，其中男性领取人数为 4759.4 千人，女性领取人数为 7781.4 千人（见表 5-15）。按养老金领取人年龄分组来看，65~69 岁领取人所占份额最大，约占 65 岁以上总领取人的 24.06%，其中男性该年龄段领取人占 30.3%（最高），女性该年龄段领取人占 20.3%（仅低于 60~64 岁领取人，约占 22.5%）（见附表 10）。可见，英国先行改革女性法定退休年龄，并逐渐实现同步退休的协调性改革措施是养老金现代化改革不可或缺的。

表 5-15　英国 65 岁及以上养老金待遇领取人（按性别分类）

单位：千人

	2006 年	2007 年	2008 年	2009 年	2010 年
男性	4379.5	4438.0	4526.8	4633.6	4759.4
女性	7262.3	7408.4	7548.2	7670.4	7781.4
合计	11641.8	11846.4	12075.0	12304.1	12540.8

资料来源：Department for Work and Pensions，2015.

第四节　本章小结

本章从数量分析的角度验证欧盟社会养老保险开放性协调机制的运行状况。从一定程度上来讲，欧盟将“开放性协调机制”引入到社会保险领域，有利于成员国居民的跨国转移就业。经调查，欧盟公民流入某一成员国的决定，与该国养老等社会保险制度的可获取程度和养老待遇的便携性密切相关。一般来说，社会福利覆盖率高，待遇水平优厚的国家更具有吸引力。当然，一些国家为了避免“福利移民”等穷国人员对本国劳动力市场的冲击，采取了严苛的劳动力市场准入条约，并不断提高养老待遇领取的基本条件。就德国和英国两国而言，利好的经济形势和积极的社会政策，均有利于跨国人员的流入。从英、德两国外籍人员流入的原因来看，工作类移民和教育培训类移民是人口流转的主要目的，两者占总境外流动人员的70%左右。就养老保险待遇额来看，英国、德国都存在明显的性别差异，男性参保人月均待遇额一般高于女性。但是，由于英、德两国缺乏有关流动人员养老金收支的具体数据，本书未能做进一步的绩效评估预测。

第六章　欧盟社会养老保险“开放性协调机制”的经验及启示

欧盟在区域经济一体化的过程中，包括社会养老保险在内的社会保障机制一体化也随之扩展，本属于一国内政的养老保险制度从决策到实施都在不断超越国界。为应对区域内劳动力转移就业所带来的养老保险差异性问题，欧盟先后经历了从“社会保障对接条例”到“开放性协调机制”等渐进式统一的治理机制，以此来衔接各成员国的养老保险关系，并最终实现欧盟各成员国在更高层面上的养老保险政策一体化。直到目前，欧盟虽然并未实现真正意义上的养老保险制度的一体化，只是努力协调并促使各国的养老保险政策渐进式趋同，但其改革思路和实践经验有着重要的借鉴意义。

第一节　全面实施养老保障制度的基础性国民待遇

对于欧盟跨区域转移就业的劳动者而言，个人养老权益的保障是基于欧盟公民资格制度设置的，即协助跨区域流动者能够公平、自由地享有作为一个欧盟公民应享有“在联盟内自由转移和居住”以及“社会保障权益不因流转而受到损失”的权利。从本质来看，欧盟公民资格实际上就是泛欧盟公民权，它超越了传统民族国家的框架，将公民资格置身于超民族国家的共同体区域内。换句话说，欧盟各成员国的公民都是欧盟的公民，他们不仅应享有输出国层面的养老权益，还应该在欧盟层面上平等地享有包括自由流动及与养老金配套政策的社会权利。欧盟公民资格制度的建立和完善，逐渐改变了成员国养老保险制度属地化管理的特点，最大限度地保障了跨区域转移劳动者的权利，实现了政策的公平覆盖，在欧盟范围内使客观的居住或工作地标准取代了国际标准，确保了跨国流动劳动力及其家属在不同成员国的养老金政策体系下能够享有平等的待遇。

第二节　明确各统筹区域的权责，实现中央和协调区域的收支平衡

从“硬法”的“社会保障对接条例”到“软法”的“开放性协调机制”阶段，养老保险制度始终是欧盟各成员国的内部事务，欧盟只是从宏观层面加以协调。也就是说，相对于欧洲经济共同体，各成员国拥有各自独立的养老保障体系和养老金统筹区域，劳动力在跨国转移就业时，不可避免地会涉及不同统筹区域的权责利益问题。鉴于此，欧盟引入了欧盟公民资格制度，并采用非歧视原则和单一国原则，在养老保障和社会福利等方面平等对待欧盟公民，并通过“临时冻结”、“累计计算”、“分别支付”和“最后接管”等具体操作办法，来确保跨国流动劳动力养老保险权益能够得到全额转移接续，养老保险待遇能够得以及时发放等问题。这一方法简单而又公平，清晰地划分了各成员国在支付养老金上所应承担的责任，减少了利益纠纷，保障了劳动者的权益。可见，欧盟在充分尊重各成员国实际国情的基础上，采取分步骤、分层次及渐进式地整合方式，而并非选择一步到位的“激进式”改革方式。在协调各成员国养老保险转移的政策时，既明确划分了各统筹区域的权责，又有效地保护了流动劳动力的合法权益，进而实现欧盟与养老保险各统筹区域的收支平衡。此外，欧盟还通过“区域养老保险发展基金项目”，促进区域间养老基金平衡，进一步保障养老保险跨区域转移利益损失的最小化。

第三节　养老保险制度区域统筹过程中的“统分结合”

在实现联盟内养老保险制度一体化的过程中，欧盟充分利用了“统分结

合”的战略。具体来看，欧盟各国养老保险制度在长期的发展中已形成了各具特色的制度模式，差异化很大，但为了适应经济和社会的一体化，必须调整各国的养老保险政策以形成劳动者在整个欧盟区域转移流动的衔接通道，而超越国家层面的欧盟组织就充当了协调各国的角色。在促使各国养老保险衔接政策趋势同化的过程中，欧盟并没有采取强制性政策来达到“整齐划一”的效果，而是通过制定欧盟层面统一的养老保险发展目标、统一的行动方针以及可以量化的实施标准等供成员国参考，进而规范成员国的制度方向，这就是所谓的“统”。所谓“分”，就是各国在养老保险改革过程中虽有各自的灵活性，但是通过每2~3年一份的成员国《养老保险国家战略报告》，使各国养老保险制度在“相互评议”、“同行压力”和“最佳实践”等干预机制下逐渐向欧盟提出的总体目标靠拢汇合，进而逐渐消除各国养老金政策标准的差异。虽然欧盟养老保险制度目前尚未完全实现区域统一，但各国的改革趋势类似，都朝着建立多支柱的养老保险体系发展，积极完善和统一劳动力跨国流动时养老保险关系的对接和权益计算方式，以及建立可持续的养老保险财务机制等，这将为欧盟区域养老保险一体化的实现做好铺垫。总体来看，欧盟这种宏观指导、协调处理、逐步过渡的做法和改革思路值得借鉴。

第四节　养老保险制度的渐进式协调统一

客观地讲，区域养老保险制度的一体化不可能一蹴而就，更不可能在社会、经济、政治等多方面条件不成熟的情况下，实现“跨越式”发展。欧盟各国依据本国养老保险制度所处的特定历史时期和经济区域实际情况，综合考虑与制度完善相关联的各方因素，分步骤、分阶段、分区域、分层次地制定统筹发展战略，逐步推进养老保险制度从低层次向高层次、从低水平向高水平等的过渡。从历史角度来看，欧盟养老保险制度依次从“社会保障协同的基础立法”向“社会保障对接条例”以及“开放性协调机制”的衔接转化，从西北欧经济发达国家向东南欧经济欠发达国家的政策延伸，是养老保险渐进式趋同的典型案例。

第五节　加快基本养老保险领域的信息化建设

劳动者社会养老保险关系能在欧盟各成员国间顺畅转移，与欧盟发达的社会保障信息化网络系统是分不开的。欧盟在实现养老保险制度一体化的过程中，建立了“欧盟社会保障信息电子交换系统”（EESSI），该系统统一规范了各成员国社会保险信息登记、统计核算形式和转移接续的操作流程，打通了成员国之间的软硬件对接口径，进而使参保人跨国养老保险的“信息汇总”和“按比例支付”能够顺利完成。可见，EESSI 系统节省了跨国养老保险转移接续的办理程序，提高了社保机构的办事效率，为保险关系方便、顺利地转移提供了技术上的支持。从欧盟的实践经验来看，欧盟将发达的网络信息技术应用到基础养老保险领域，推动了区域间养老保险标准的信息化处理方式和规范互通的数据统计信息，为养老保险关系的转移提供了坚实的基础，真正做到了“信息多跑路，群众少跑路”的服务宗旨，是实现参保人养老保险待遇顺利支付的重要原因。

第六节　提高社会养老保险便携性的总体解决思路

根据流动劳动力工作时间、养老地以及工作地等因子的选择，以及养老保险基金和养老保险关系的考量，社会养老保险的便携性可简单地划分为三类，即转移基金、转移关系、基金和关系一并转移。基于欧盟社会养老保险便携性的经验启示，本书提出社会养老保险关系跨地区转移接续的总体解决方案（见图 6-1）。

一、转移基金：权益非连续性出生地养老方案

一国社会养老保险跨地区转移的核心目标是实现养老基金的转移，也就

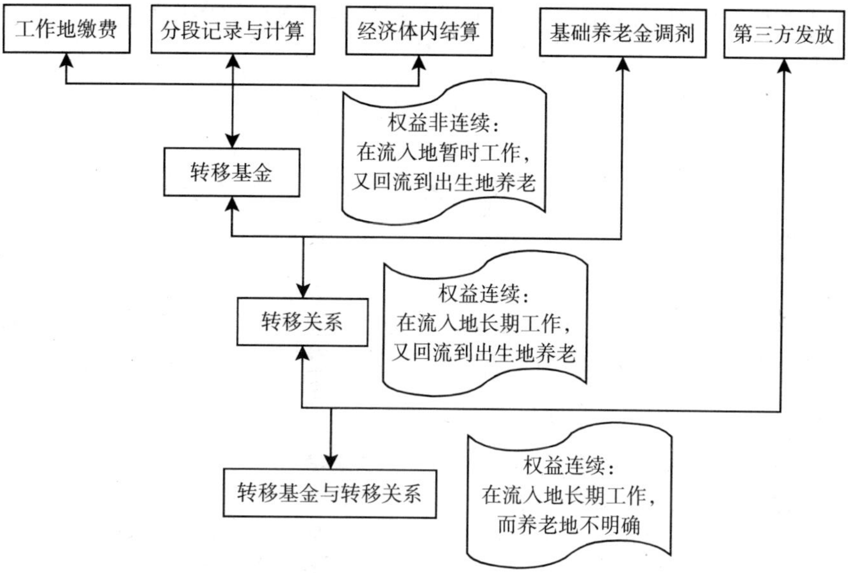

图 6–1　社会养老保险可携性解决方案简图

是说，参保人养老缴费贡献随其工作地的转换而转换，基金总额不会因工作转移而受到损失。为此，本书提出“分段记录、比例分配和最终支付”的“权益非连续基金转移方案”，即参保人的个人参保缴费可以随着工作地的流转而全额转出，对于全民共享性质的基础养老金部分，则可根据合理的权益核算办法允许部分转移，最终在养老地经办机构进行综合发放，或者在信息技术许可情况下通过工作地经办机构委托银行直接转账。该方案适用于在工作地从事短期或者临时工作，最终又回到出生地养老的情况。

二、转移关系：权益连续原经济体养老方案

“工作地缴费、分段记录与计算、经济体内结算”是一种权益连续原经济体养老的关系转移方案。该方案适用于在输入地从事长期工作，最终又回到输出地养老的情况。在养老基金转移不成熟的情况下，流动劳动者跨地区转移就业可只携带养老保险关系而不携带基金。当参保人达到退休年龄时，参保人养老金由各工作地养老保险待遇累加而成，以当地社评工资为依据分段发放。即流动劳动者的养老金待遇等于各地根据各自平均养老保险待遇与劳动者贡献的制度缴费年限相乘而得。具体是：养老保险中央经办机构，进

行养老保险制度的协调支付，劳动者流动时随身携带养老保险关系，最后由输出地、输入地分别根据劳动者在各地的养老保险贡献率分别支付其养老金，最终应得的养老金由各地养老金累计计算所得。

三、养老保险关系和基金同时转移：权益连续共同体养老方案

综合理性的养老保险转移接续方案是既转基金又转关系。从实践经验来看，养老保险跨省转移的核心途径是，通过分段计算机制和调剂机制，实现个人缴费部分养老金待遇的连续计算，以及基础养老金待遇的分段计算，由具有结算功能的独立的第三方支付机构发放养老金，即采取“工作地缴费、分段记录与计算、经济体内结算、基础养老金调剂、第三方发放”的制度衔接办法。该方案适用于在输入地长期工作，而未来养老地尚未确定的情况。这需要确定政府的认知理念与态度，厘清制度和政策的差异，重点解决现行制度之间权益的互认与科学的转换。在操作层面上，区分统筹账户和个人账户：以经济水平为基础，分段计算；按缴费情况分阶段发放。在此过程中，需要建立人口迁移的双向对接选择机制，建立信息化、法制化等辅助机制。

附　表

附表 1　部分欧洲国家的基本养老保险制度比较

	英国	法国	德国	瑞典	瑞士
制度发展	1908 年，非缴费型养老保险；1925 年，国民养老保险	1930 年，社会保障法；1972 年，企业年金的强制实施	20 世纪 80 年代残疾与老年养老保险；1945 年德国分裂；1990 年，德国制度统一	1913 年，国民养老保险；1946 年，国民基础养老保险；1955 年，收入比例养老保险；1999 年，缴纳结合型收入比例养老金	1948 年，老年与遗属养老保险；1985 年，企业年金的强制实施
制度体系	基础养老金+收入比例养老金	收入比例养老金	收入比例养老金	收入比例养老金	收入比例养老金
财务方式	现收现付制方式	现收现付制方式	现收现付制方式	名义账户制（现收现付制方式+积累制方式）	现收现付制方式
基础养老金财源	个人收入阶层的定率保险费				
收入替代率	夫妇大约是 60% 单身大约是 50%	约 78%	约 70%	约 70%	约 60%
收入比例养老金计算基准	整个受保期间平均	高收入 25 年的平均	整个受保期间平均		整个受保期间平均
待遇领取年龄	男 65 岁，女 60 岁	60 岁	男 63 岁，女性与失业人员 60 岁，到 2018 年均增加到 65 岁	65 岁	男 65 岁，女 62 岁；2009 年女 64 岁
提前支付年龄	—	—	2006 年起 62 岁	60 岁	男 63 岁；2001 年起女 62 岁
职工缴费比例（%）	2~10（1996 年）	6.55（1997 年）	9.3（1995 年）	6.95（1999 年）	4.2（1997 年）
雇主缴费比率（%）	3~10（1996 年）	9.8（1997 年）	9.3（1995 年）	11.55（1999 年）	4.2（1997 年）

资料来源：钟仁耀：《养老保险改革国际比较研究》，上海：上海财经大学出版社 2004 年.

附表 2　欧盟新成员国的养老金领取年龄

国家	制度生效时间	男性	女性
塞浦路斯	1995 年	65 岁（提前退休为 63 岁）	65 岁（1935 年 1 月 1 日之前出生的为 63 岁）
捷克	1995 年	每年增加 2 个月，到 2006 年时提高到 62 岁	每年增加 4 个月，提高到 57~61 岁（取决于所扶养的孩子数量）
爱沙尼亚	2000 年	63 岁	每年增加 6 个月，到 2016 年时提高到 63 岁
匈牙利	1996 年	每两年增加 1 岁，到 2001 年时提高到 62 岁	每 2 年增加 1 岁，到 2009 年时提高到 62 岁
拉脱维亚	1998 年	每年增加 6 个月，到 2003 年时提高到 62 岁	每年增加 6 个月，到 2008 年时提高到 62 岁
立陶宛	1994 年、2000 年	每年增加 6 个月，到 2003 年时提高到 62.5 岁	每年增加 6 个月，到 2006 年时提高到 60 岁
马耳他	1987 年	61 岁	60 岁
波兰	1999 年	65 岁（2007 年取消提前退休）	60 岁（2007 年开始取消提前退休）
斯洛伐克	1988 年	60 岁	53~57 岁（取决于所扶养的孩子数量）
斯洛文尼亚	1999 年	63 岁	61 岁

资料来源：Elaine Fultz：Pension Reform in the EU Accession Countries Challenges，Achievements and Pitfalls，International Social Security Review，2004，57（2）.

附表 3　欧盟 15 个主要成员国关于农村社会养老保险的法律

国家	主要法律
比利时	1967 年 11 月 10 日第 72 号法令；1984 年 5 月 15 日法令；1997 年 1 月 30 日法令；1891 年版《国家养老金》，1984 年经多次修订；1964 年《补充养老金》，经多次修订；1986 年《非全职就业人员养老金法》
丹麦	《农民养老保护法》
希腊	4169/61 立法
西班牙	1971 年 7 月 23 日第 2123 号法令；1972 年 12 月 23 日第 3772 号法令；1979 年 5 月 4 日第 1135 号法令
法国	《农民法》1106-2 条
爱尔兰	1908 年法令；1993 年《社会福利法》已修订
意大利	1990 年 8 月 2 日第 233 号法令
卢森堡	《社会保险法》第三部分
荷兰	1913 年 6 月 5 日法令；《基本养老保险法》1956 年 5 月 31 日，1997 年 12 月 24 日修订
奥地利	1955 年《社会保障基本法》，1997 年做最后修订；1993 年《联邦救助法》，1996 年最后修订
葡萄牙	1993 年 9 月 25 日第 328 号法令

续表

国家	主要法律
芬兰	《国家养老金法》347/1956年；《农民养老金法》467/1969年
瑞典	1913年法令，1962年《社会保障基本法》已修订；1979年《非全额养老金法》
英国	1992年《社会保障缴费和支付法》及条例，1992年法令；1995年《养老金法》

资料来源：福建省农村社保模式及其方案研究课题组：《农村社会养老保险制度创新》，北京：经济管理出版社2004年。

附表4 欧盟15国开放劳动力市场的时间及开放前后养老保险政策变化概览

	2004年EU8国			2007年EU2国		
欧元区/欧盟经济联盟国	劳动力市场放开时间	前政策期	后政策期	劳动力市场放开时间	前政策期	后政策期
奥地利	2011年5月	1995~2010	—	2014年1月	1995~2013	—
比利时	2009年5月	1995~2008	2009~2014	2014年1月	1995~2013	—
丹麦	2009年5月	1995~2008	2009~2014	2009年5月	1995~2008	2009~2014
芬兰	2006年5月	1995~2005	2006~2014	2007年1月	1995~2006	
法国	2008年7月	1995~2007	2008~2014	2014年1月	1995~2013	
德国	2011年5月	1995~2010	—	2014年1月	1995~2013	
希腊	2006年5月	1995~2005	2006~2014	2009年1月	1995~2008	
冰岛	2006年5月	1995~2005	2006~2014	2012年1月	1995~2013	
爱尔兰	2004年5月	1995~2003	2004~2014	2014年1月	1995~2013	
意大利	2006年7月	1995~2005	2006~2014	2012年1月	1995~2011	2014
卢森堡	2007年11月	1995~2007	2008~2014	2014年1月	1995~2013	—
荷兰	2007年5月	1995~2006	2007~2014	2014年1月	1995~2013	—
挪威	2009年5月	1995~2008	2009~2014	2014年1月	1995~2013	—
葡萄牙	2006年5月	1995~2005	2006~2014	2009年1月	1995~2008	2010~2014
西班牙	2006年5月	1995~2005	2006~2014	2009年1月（罗马尼亚，2011年8月）	1995~2008	2010~2014
瑞典	2004年5月	1995~2003	2004~2014	2007年1月	1995~2006	2008~2014
瑞士	2011年11月	1995~2010	—	2014年1月	1995~2013	—
英国	2004年5月	1995~2003	2004~2014	2014年1月	1995~2013	—
捷克	2004年5月	1995~2003	2004~2014	2007年1月	1995~2006	2007~2014
爱沙尼亚	2004年5月	1995~2003	2004~2014	2007年1月	1995~2006	2007~2014
匈牙利	2004年5月	1995~2003	2004~2014	2009年1月	1995~2008	2009~2014
拉脱维亚	2004年5月	1995~2003	2004~2014	2007年1月	1995~2006	2007~2014
立陶宛	2004年5月	1995~2003	2004~2014	2007年1月	1995~2006	2007~2014

续表

	2004 年 EU8 国			2007 年 EU2 国		
欧元区/欧盟经济联盟国	劳动力市场放开时间	前政策期	后政策期	劳动力市场放开时间	前政策期	后政策期
波兰	2004 年 5 月	1995~2003	2004~2014	2007 年 1 月	1995~2006	2007~2014
斯洛文尼亚	2004 年 5 月	1995~2003	2004~2014	2007 年 1 月	1995~2006	2007~2014
塞浦路斯	2004 年 5 月	1995~2003	2004~2014	2007 年 1 月	1995~2006	2007~2014
马耳他	2004 年 5 月	1995~2003	2004~2014	2014 年 1 月	1995~2013	—

资料来源：笔者整理所得。

附表 5 欧盟 28 国及挪威区域内劳动力年均流动率

国家	数据	NUTS 水平	时期	年度流动率	未来趋势
奥地利	一般流动	2	2012	1.20%	↑
比利时	无可用数据	—	—	—	—
保加利亚	劳动力流动	3	2012	0.30%	↓
克罗地亚	一般流动	3	2012	1.60%	↓
塞浦路斯	无可用数据	—	—	—	—
捷克	一般流动	2	2012	0.80%	↓
丹麦	一般流动	2	2012	1.80%	←→
爱沙尼亚	一般流动	3	—	—	—
芬兰	一般流动	3	2000~2012	2%	←→
法国	一般流动	2	1999~2004	1.90%	—
德国	一般流动	2	2011	3.30%	↑
希腊	一般流动	—	—	—	—
匈牙利	一般流动	3	2012	1.90%	↓
爱尔兰	无可用数据	—	—	—	—
意大利	一般流动	2	2012	0.60%	↑
拉脱维亚	一般流动	LAU2	1991~2009	2%	—
立陶宛	一般流动	3	2012	2%	↑
卢森堡	无可用数据	—	—	—	—
马耳他	无可用数据	—	—	—	—
荷兰	一般流动	2	2012	3.60%	←→
挪威	一般流动	2	2012	2.70%	↑
波兰	一般流动	LAU2	2012	1.00%	←→
葡萄牙	一般流动	LAU1	2012	2.60%	↓
罗马尼亚	一般流动	2	2012	0.50%	←→
斯洛伐克	一般流动	3	2006~2011	0.40%	—

续表

国家	数据	NUTS 水平	时期	年度流动率	未来趋势
斯洛文尼亚	一般流动/劳动力流动	3	2012	2.3%/16.6%	←→/—
西班牙	劳动力流动	3	2012	11.90%	↓
瑞典	一般流动	3	2012	2.10%	↑
英国	一般流动	LA	2012	4.95%	←→

注：年度迁移率=永久性迁移/总人口或者劳动力在不同区域内转移；NUTS 水平，是指欧盟成员国区域划分等级（Nomenclature of Units for Territorial Statistics，NUTS），类似中国的省、市、县等区域划分方式。在地方层级，又可细分为 LAU1，LAU2 两级；未来趋势指数是利用 2008~2014 年数据，预测未来劳动力变动趋势。

资料来源：EUROFUND，http：//www.eurofound.europa.eu/surveys/2015/sixth-european-working-conditions-survey-2015。

附表 6 立陶宛移民输入和输出数（2001~2015 年）

单位：人

年份	移入人数	移出人数	净迁徙人数
2001	4694	27841	-23147
2002	5110	16719	-11609
2003	4728	26283	-21555
2004	5553	37691	-32138
2005	6789	57885	-51096
2006	7745	32390	-24645
2007	8609	30383	-21774
2008	9297	25750	-16453
2009	6487	38500	-32013
2010*	5213	83157	-77944
2011	15685	53863	-38178
2012	19843	41100	-21257
2013	22011	38818	-16807
2014	24294	36621	-12327
2015	22130	44533	-22403

资料来源：Statistics Lithuania，2016：http：//123.emn.lt/en/general-trends/migration-10-years-overview.

附表 7　欧盟部分成员国养老金支出总额及其占 GDP 比重

单位：百万欧元

		2007 年	2008 年	2009 年	2010 年	2011 年	2012 年	2013 年
EU28	支出额	—	1073281	1104089	1160649	1206005	1273090	1264210
	%，of GDP		9.8	10.6	10.7	10.7	11.0	10.6
希腊	支出额	15486	16731	17491	17668	17908	21885	—
	%，of GDP	10.1	10.4	11.0	11.7	12.8	15.5	—
意大利	支出额	140454	147428	155574	161520	169026	175760	184401
	%，of GDP	12.1	12.6	13.4	13.7	13.7	14.2	14.5
法国	支出额	201471	212347	222055	230663	240887	249673	258202
	%，of GDP	10.9	11.2	12.0	12.1	12.3	12.5	12.8
奥地利	支出额	25767	27429	28841	30023	31035	32770	34387
	%，of GDP	10.9	11.3	12.2	12.3	12.2	12.5	12.8
葡萄牙	支出额	14738	15805	16768	17334	18113	17852	19565
	%，of GDP	9.4	9.9	10.7	10.8	11.6	11.8	12.7
丹麦	支出额	15902	16813	17783	18715	19723	20838	21876
	%，of GDP	10.2	10.4	11.4	11.2	11.3	11.4	11.7
荷兰	支出额	47778	49591	52336	54939	58285	61328	63666
	%，of GDP	9.2	9.1	9.9	10.1	10.4	10.8	11.0
芬兰	支出额	12466	13100	14551	15614	16780	18265	19753
	%，of GDP	8.3	8.4	9.9	10.2	10.4	11.0	11.7
比利时	支出额	23758	26053	27700	28856	30788	31221	32824
	%，of GDP	8.0	8.5	9.2	8.9	9.2	9.3	9.6
德国	支出额	211909	217357	223858	227510	229532	234317	240172
	%，of GDP	9.0	9.0	9.7	9.4	9.1	9.1	9.0
西班牙	支出额	58680	62028	65711	69736	72564	75731	80649
	%，of GDP	6.6	6.9	7.7	8.2	8.6	9.1	9.5
瑞士	支出额	26367	28185	31465	34961	40998	43454	43666
	%，of GDP	9.3	9.3	10.0	9.9	10.1	10.3	10.3
英国	支出额	183812	169301	162552	178177	184326	210794	208275
	%，of GDP	10.1	10.5	11.6	11.6	11.5	11.9	11.8
瑞典	支出额	26643	27595	27292	31029	34551	38475	41433
	%，of GDP	10.3	10.8	11.9	11.4	11.4	12.0	12.4
斯洛文尼亚	支出额	1837	1934	2140	2208	2288	2315	2411
	%，of GDP	8.1	7.9	9.0	9.4	9.6	9.9	10.3
波兰	支出额	19876	23424	21552	25108	26406	26726	—
	%，of GDP	8.7	9.0	9.8	9.1	8.8	8.5	—
克罗地亚	支出额	—	2071	2149	2153	2094	2024	2041
	%，of GDP	—	4.9	5.4	5.5	5.6	5.7	6.0

资料来源：Eurostat，2016.

附表 8 欧盟部分国家养老保险制度综合替代率（2006~2013 年）

	2006 年	2007 年	2008 年	2009 年	2010 年	2011 年	2012 年	2013 年
卢森堡	0.66	0.61	0.58	0.62	0.68	0.74	0.79	0.78
罗马尼亚		0.43	0.49	0.55	0.65	0.64	0.67	0.65
法国	0.58	0.60	0.65	0.66	0.65	0.64	0.65	0.64
意大利	0.58	0.49	0.51	0.51	0.53	0.55	0.58	0.62
匈牙利	0.54	0.58	0.61	0.62	0.60	0.59	0.58	0.61
斯洛伐克	0.57	0.54	0.54	0.55	0.61	0.62	0.56	0.61
希腊	0.49	0.40	0.41	0.41	0.42	0.45	0.52	0.60
西班牙	0.48	0.48	0.49	0.45	0.47	0.51	0.55	0.60
波兰	0.59	0.58	0.56	0.56	0.57	0.55	0.58	0.6
奥地利	0.65	0.62	0.61	0.56	0.57	0.59	0.58	0.59
葡萄牙	0.59	0.47	0.51	0.50	0.53	0.56	0.58	0.59
瑞典	0.62	0.63	0.62	0.60	0.60	0.58	0.56	0.58
捷克	0.52	0.51	0.51	0.51	0.54	0.53	0.55	0.56
马耳他	0.45	0.47	0.41	0.45	0.44	0.48	0.46	0.56
挪威	0.46	0.49	0.52	0.52	0.5	0.52	0.53	0.56
英国	0.45	0.44	0.43	0.44	0.48	0.48	0.50	0.53
爱沙尼亚	0.49	0.47	0.45	0.52	0.55	0.54	0.50	0.50

资料来源：Eurostat，2015.

附表 9 丹麦长期居住许可证授予概况（2008~2013 年）

单位：人

	2008 年	2009 年	2010 年	2011 年	2012 年	2013 年	2013 年占比
救济类	1453	1376	2124	2249	2583	3889	6%
——难民	1242	1279	1961	2057	2460	3806	6%
家庭团聚	4407	5211	5410	3396	3664	5516	8%
——夫妻和孩子	3071	3662	3869	2163	2390	3730	6%
工作类	12638	9168	10851	9389	9024	11529	18%
——工作计划	2624	3616	5395	4280	4235	5985	9%
学习类	20235	16837	15273	15358	10652	11601	18%
——教育培训	7358	6145	5751	5756	6173	6982	11%
欧盟/欧元区	30544	24305	25361	27395	30059	32027	50%
——雇员	17837	11019	10560	11673	13164	14742	23%
合计	69277	56897	59019	57787	55982	64562	100%

资料来源：Statistical Overview – Migration and Asylum 2013（pdf）：http：//www.nyidanmark.dk/en-us/statistics/statistics.htm.

附表 10　英国养老金待遇领取人数（按性别和年龄分组）

单位：千人

		2005 年	2006 年	2007 年	2008 年	2009 年	2010 年
男性	65~69 岁	1364.1	1341.5	1332.8	1350.6	1389.9	1441.2
	占比（%）	31.4	30.6	30.0	29.8	30.0	30.3
	70~74 岁	1150.0	1160.1	1178.0	1205.7	1233.0	1252.6
	占比（%）	26.5	26.5	26.5	26.6	26.6	26.3
	75~79 岁	887.1	903.0	918.5	932.2	942.0	958.5
	占比（%）	20.4	20.6	20.7	20.6	20.3	20.1
	80~84 岁	593.3	596.9	604.7	614.8	627.3	644.9
	占比（%）	13.7	13.6	13.6	13.6	13.5	13.6
	85~89 岁	246.4	273.1	296.4	317.9	335.5	340.9
	占比（%）	5.7	6.2	6.7	7.0	7.2	7.2
	90 岁及以上	100.2	103.6	106.1	105.3	105.6	120.8
	占比（%）	2.3	2.4	2.4	2.3	2.3	2.5
	合计	4342.2	4379.5	4438.0	4526.8	4633.6	4759.4
女性	60~64 岁	1498.7	1524.0	1628.2	1695.9	1734.9	1747.2
	占比（%）	20.8	21.0	22.0	22.5	22.6	22.5
	65~69 岁	1464.2	1453.1	1456.1	1484.8	1527.5	1576.1
	占比（%）	20.3	20.0	19.7	19.7	19.9	20.3
	70~74 岁	1314.5	1312.7	1322.1	1343.2	1366.9	1382.4
	占比（%）	18.2	18.1	17.9	17.8	17.8	17.8
	75~79 岁	1158.6	1165.5	1168.9	1170.0	1166.2	1168.8
	占比（%）	16.1	16.0	15.8	15.5	15.2	15.0
	80~84 岁	951.6	933.3	923.7	919.1	921.0	931.1
	占比（%）	13.2	12.9	12.5	12.2	12.0	12.0
	85~89 岁	511.0	552.7	587.9	621.2	643.5	634.3
	占比（%）	7.1	7.6	7.9	8.2	8.4	8.2
	90 岁及以上	314.9	319.4	319.9	313.7	310.1	341.1
	占比（%）	4.4	4.4	4.3	4.2	4.0	4.4
	合计	7214.7	7262.3	7408.4	7548.2	7670.4	7781.4

资料来源：Department for Work and Pensions；Work and Pensions Longitudinal Study（WPLS）；Information Directorate.

参考文献

[英] Bill Birmingham. 张燕妮（译）：《欧盟：流动劳动力的社保待遇支付》，《中国社会保障》2008 年，第 2 期。

彼得泰勒—顾柏（Peter Taylor-Gooby）编：《新风险　新福利：欧洲福利国家的转变》，北京：中国劳动社会保障出版社 2010 年，第 167 页。

曹克宇：《欧盟社会保障法律制度研究》，山西大学硕士学位论文，2004 年 6 月。

陈立泰、熊厚：《欧盟社会保障政策对就业的抑制效应及其对中国的启示》，《甘肃社会科学》2007 年，第 1 期。

陈步雷：《社会政策和社会立法的功能扩展与发展模式调整》，《社会法学研究》2005 年，第 1 期。

陈洋：《欧盟东扩与德国劳动力市场开放——基于 H-O 模型的视角》，《中南财经政法大学研究生学报》2008 年，第 5 期。

仇雨临、黄小勇：《欧盟新老成员国养老保险制度改革比较》，《欧洲研究》2007 年，第 4 期。

戴炳然译：《欧洲联盟条约（第 B 条）》，载自 《欧洲共同体条约集》，上海：复旦大学出版社 1993 年。

戴炳然译：《单一欧洲法令（第 8A 条）》，转载《欧洲共同体条约集》，上海：复旦大学出版社 1993 年。

戴炳然：评欧盟《阿姆斯特丹条约》，《欧洲》1998 年，第 1 期。

董克用、王丹：《欧盟社会保障制度国家间协调机制及其启示》，《经济社会体制比较》2008 年，第 4 期。

戴由武：《分段计算——破解养老保险转移难》，《中国社会保障》2008 年，第 5 期。

丁建定：《德国的就业保障与就业促进政策》，《中国社会保障》2003 年，第 5 期。

丁建定、孙健：《欧洲一体化进程中的社会福利整合》，《长安大学学报（社会科学版）》2006 年，第 3 期。

段美之：《我国“养老保险关系”研究综述》，《经济论坛》2009 年，第 3 期。

傅义强：《欧盟国家的移民问题及其移民政策的构建》，《世界经济与政治论坛》2006 年，第 3 期。

郭喜、白维军：《开放性协调：欧盟养老保险一体化及启示》，《中国行政管理》2013 年，第 4 期。

郭秀云：《借鉴欧盟流动劳动力社保与福利体系设计的经验》，《中国人力资源开发》2009 年，第 10 期。

郭秀云：《劳动力转移就业与社会保障多边合作机制——借鉴欧盟政策设计及其启示》，《现代经济探讨》2010 年，第 3 期。

郭秀云：《利益博弈与政策协调——基于欧盟社会政策适应性的研究》，《学习与实践》2010 年，第 9 期。

郭欣：《欧盟成员国社会保障协调问题研究——重点基于可行性和有效性的分析》，复旦大学硕士学位论文，2008 年，第 5 期。

关信平、黄晓燕：《欧盟社会保障一体化：必要性与条件分析》，《欧洲》，1999 年，第 4 期。

关信平：《欧洲联盟社会政策的历史发展——兼析欧盟社会政策的目标、性质与原则》，《南开学报（哲学社会科学版）》2000 年，第 2 期。

关信平：《社会政策发展的国际趋势及我国社会政策转型》，《江海学刊》2002 年，第 4 期。

关信平、吴伟东：《共同体内劳动力转移就业的社会保障覆盖——欧盟的经验》，《人口与经济》2008 年，第 2 期。

郝鲁怡：《欧盟国际移民法律制度研究》，华东政法大学博士学位论文，2009 年 5 月。

和春雷：《社会保障制度的国际比较》，北京：法律出版社 2001 年，第 145 页。

何菡：《德国社会保障制度浅析及启示》，《经营管理者》2010 年，第 6 期。

黄丙志：《发达国家社会保障定位的变迁——与城乡劳动力互动的视角》，《理论与改革》2010 年，第 2 期。

黄崇超：《欧盟国家养老保险关系转移接续协调机制及其启示》，《合作经济与科技》2012 年，第 8 期。

黄桂洪：《欧盟自由流动工人社会保障法律制度研究》，《广东外语外贸大学学报》2007 年，第 6 期。

李靖堃：《从经济自由到社会公正——欧盟对自由流动劳动者社会保障的法律协调》，《欧洲研究》2012 年，第 1 期。

梁鸿：《“国民社会保障权利”论及其发展的探讨》，《复旦学报（社会科学版）》2000 年，第 4 期。

林义、杨一凡：《在困境中走向“弹性与保障并重”——欧盟就业和社会保障政策的调整改革与经验启示》，《中国社会保障》2010 年，第 5 期。

刘世元：《欧盟关于人员自由流动的立法特点及其启示》，《国际经贸探索》2006 年，第 6 期。

刘金源、孙晓翔：《一体化进程中的欧盟社会政策——欧盟社会政策与欧洲一体化析评》，《欧洲研究》2005 年，第 6 期。

刘秀文、埃米尔·J.科斯纳等：《欧洲联盟政策及一体化过程研究》，北京：法律出版社 2003 年，第 486 页。

刘文秀：《欧盟国家主权让渡的特点、影响及理论思考》，《世界经济与政治》2003 年，第 5 期。

吕惠娟、赵肖萌：《我国养老保险关系转移接续机制研究——基于欧盟的经验和启示》，《特区经济》2011 年，第 10 期。

吕学静：《现代各国社会保障制度》，北京：中国劳动社会保障出版社，2006 年。

罗伯特·霍尔茨曼（Robert Holzmann）、爱德华·帕尔默（Edward Palmer）编，郑秉文等译：《养老金改革——名义账户制的问题与前景》，北京：中国劳动社会保障出版社 2006 年，第 225 页。

鲁全：《德国的社会保障制度与社会公平》，《中国人民大学学报》2009 年，第 2 期。

罗静、匡敏：《国内外养老关系转移接续经验借鉴》，《社会保障研究》2011 年，第 4 期。

金炳彻：《欧洲社会保障制度的改革动态与发展趋势》，《中国人民大学学报》2010 年，第 5 期。

贾文华：《欧盟公共政策的规制性解析——理论评述与实证考察》，《欧洲研究》2012 年，第 6 期。

蒋中平：《欧洲一体化与欧盟社会保障制度的发展趋势》，《社会保障问题研究》2003 年，第 1 期。

简洁：《欧盟社保关系转续模式的思考》，《中国社会保障》，2011 年，第 11 期。
梅丽萍：《欧盟跨国医疗保障：背景、理念及行动方案》，《北京保障研究》2012 年，第 2 期。
任斌：《欧盟流动劳动力的福利政策及经验借鉴》，《华东政法大学学报》，2012 年。
孙健、孙红玉：《欧洲经济一体化背景下的社会福利改革》，《长沙大学学报》2006 年，第 1 期。
苏明忠译：《欧共体基础法》，北京：国际文化出版社 1992 年。
陶金：《欧洲：社会保障一体化背景下的养老保障改革》，《世界经济情况》2010 年，第 4 期。
陶志勇：《我国养老保险制度科学发展的路径探析》，《社会保障研究》2009 年，第 4 期。
田德文：《欧盟社会政策与欧洲一体化》，北京：社会科学文献出版社 2005 年，第 6~9 页。
王浩、李亚敏：《社会养老保险的欧洲经验与中国城乡统筹的模式选择——一个基于比较经济学的范式分析》，《南方经济》2008 年，第 8 期。
王立伟：《社会政策与欧洲一体化》，山东大学博士学位论文，2010 年 5 月。
王晓东：《从“社会保障对接条例”到“开放性协调机制”——欧盟养老保险区域一体化经验及启示》，《现代经济探讨》2013 年，第 12 期。
王川、邢慧玲、陈涛：《德国社会保障制度现状及对中国的启示》，《行政与法》2007 年，第 11 期。
王雅梅：《论欧盟区域政策与成员国区域政策的协调》，《德国研究》2008 年，第 3 期。
王时芬：《欧盟国家养老金改革及对我国的启示》，《上海保险》2004 年，第 12 期。
王旭：《美国联邦政府雇员退休金制度及对中国改革的启示》，《经济研究参考》2003 年，第 89 期。
蔚志新：《城乡统筹背景下我国流动人口基本养老保险参与实证研究》，吉林大学博士学位论文，2014 年，第 5 期。
［德］韦尔夫·维尔纳，吴志成，龚苗子（译）：《德国视角下的欧洲社会模式》，《经济社会体制比较》2006 年，第 3 期。
吴志成、刘丰：《比较视角下的欧洲一体化与欧洲治理——“欧洲一体化与治

理”国际学术研讨会综述》，《国外社会科学》2007 年，第 2 期。
吴兴竹：《美国养老保障制度研究》，武汉科技大学硕士学位论文，2008 年 5 月。
吴志成、赵晶晶：《欧盟超国家制度安排的政治合法性分析》，《国家政治研究》2008 年，第 4 期。
吴志成、刘丰：《比较视角下的欧洲一体化与欧洲治理——“欧洲一体化与治理”国际学术研讨会综述》，《国外社会科学》2007 年第 2 期，第 89~92 页。
席恒、翟绍果：《养老保险的可携性研究：现状、问题域趋势》，《社会保障研究》2013 年，第 1 期。
肖娟：《中国与欧盟社会养老保险制度比较研究》，中南民族大学硕士学位论文，2012 年 5 月。
徐美奥：《流动劳动力养老保险之路径探析——欧盟经验与借鉴》，华东政法大学硕士论文，2011 年，第 4 期。
杨辉、曹亚飞：《城乡社会养老保险转移衔接政策的分析与建议》，《东北农业大学学报（社会科学版）》2013 年，第 4 期。
杨宜勇、谭永生：《全国统一社会保险关系接续研究》，《宏观经济研究》2008 年，第 4 期。
叶小倩、韩锟：《欧盟国家养老金改革评析及其启示》，《中国软科学》2004 年，第 11 期。
喻锋：《治理视野下的欧盟区域协调发展研究》，武汉大学博士学位论文，2009 年 5 月。
张黎：《欧盟东扩后劳动力西移与就业市场一体化——冲突的制度性原因浅析》，《世界经济情况》2008 年，第 8 期。
张浚：《“开放式协调方式”和欧盟推进金融治理的方式：以援助政策为例》，《欧洲研究》2010 年，第 2 期。
张坤：《城乡社会养老保险关系转移接续问题研究》，山东财经大学博士学位论文，2012 年 5 月。
赵叶珠、胡世君：《欧盟治理的新工具——开放式协调的特点及应用》，《科学与管理》2009 年，第 2 期。
曾宪影：《公共财政视角下中国农村社会保障问题研究》，南宁农业大学博士学位论文，2011 年 5 月。
曾令良：《欧洲联盟治理结构的多元性及其对中国和平发展的影响》，《欧洲研究》2008 年，第 3 期。

郑秉文：《欧盟国家社会养老的制度选择及其前景——兼论“名义账户”制对欧盟的适用性》，《欧洲研究》2003 年，第 2 期。

郑秉文：《欧盟国家社会基金监管立法及其对中国的启示》，《中国社会保障》2008 年，第 11 期。

郑秉文：《欧洲养老金制度存在缺陷》，《中国社会保障》2012 年，第 1 期。

郑茂：《社会保障制度发展路径研究——基于国际比较的视角》，西南财经大学博士学位论文，2011 年 5 月。

周云红：《美国、德国和瑞典的社会政策建设及启示》，山东大学博士学位论文，2012 年 5 月。

周弘：《世纪末社会保障制度面临的挑战——从欧美养老制度的异同看政府的作用》，《国际经济评论》1999 年，第 11 期。

周卉：《欧盟美国社会养老保险关系转移接续政策介绍》，《国际劳动》2014 年，第 2 期。

邹根宝：《社会保障制度——欧盟国家的经验与改革》，上海：上海财经大学出版社，2000 年。

朱荧：《欧盟内部劳动力流动现状分析》，复旦大学硕士学位论文，2008 年 5 月。

朱卓琳：《欧盟东扩后劳动力迁徙的现状和发展趋势》，东华大学硕士学位论文，2011 年 5 月。

朱晓晴：《欧洲一体化进程中人权法律地位的演变》，《法学研究》2002 年，第 5 期。

Alfonso Arpaia，Aron Kiss，Balazs Palvolgyi，Alessandro Turrini：Labour Mobility and Labour Market Adjustment in the EU，Dec. 2014，http：//ec.europa.eu/economy_finance/publications/.

Avato，J.，J. Koettl and R. Sabates-Wheeler “Social Security Regimes，Global Estimates，and Alfonso Arpaia，Aron Kiss，Balazs Palvolgyi”，Alessandro Turrini：Labour Mobility and Labour Market Adjustment in the EU，Dec. 2014，http：//ec.europa.eu/economy_finance/publications/.

Avato，J.，J. Koettl and R. Sabates-Wheeler “Social Security Regimes，Global Estimates，and Good Practices：The Status of Social Protection for International Migrants”，World Development，2010，38（4）PP.455-466.

"Achieving the Full Benefits and Potential of Free Movement of Workers", http: //europa.eu/legislation_summaries/internal_market/living_and_working_in_the_internal_market/c10525_en.htm.

Borras, S. and K. Jacobsson: "The open method of coordination and newgove-rnance patters in the EU", Journal of European Public Policy, 2004, 11 (2) PP.185-208.

British Government: National Strategy report on the Future of Pension Systems, 2002: http: //ec.europa.eu/social/keyDocuments.jsp? policyArea =750&sub Category =752&type =3&country =22&year =0&advSearchKey =nsr +spsi&mode=advancedSubmit&langId=en.

British Government.: United Kingdom National Strategy Report on Adequate and Sustainable Pensions: An update report to the European commission on the UK's progress since 2002, July 2005: http: //ec.europa.eu/social/keyDocuments.jsp? policyArea =750&subCategory =752&type =3&country = 22&year=0&advSearchKey=nsr+spsi&mode=advancedSubmit&langId=en.

British Government, National Strategy Report on Social Protection and Social Inclusion 2008-2010-United Kingdom (2008).

Coordination of Social Security Systems in the European Union: An explanatory report on EC Regulation No. 883/2004 and its Implementing Regulation No. 987/2009, ILO, 2010.

Council Regulation (EC) No. 859/2003 of 14 May 2003 Extending the Provisions of Regulation (EEC) No.1480/71and Regulation (EEC) No.574/72 to Nationals of Third Countries Who are Not Already Covered by Those Provisions Solely on the Ground of Nationality: http: //policy.mofcom.gov.cn/GlobalLaw/english/flaw! fetch.action? libcode =flaw&id =759F9649 - CB7A-4EF0-91C6-583D4C231A11.

David Natali: The Open Method of Co-ordination on Pensions: EU Common Knowledge Production in a nationally-rooted policy, University of Bologna-Forli, Italy, 2009: http: //www.cccg.umontreal.ca/rc19/PDF/Natali-D_Rc192009.pdf.

Eckardt, M.: The open method of coordination on pensions: an economic analysis of its effects on pension reforms. Journal of European social policy,

2005, 15 (3) PP.247-267.

Federal Employee Retirement Insurance Transfer Handbook (revised 2008), U.S. Office of Personnel Management, 2008 (12).

Filip VAN OVERMEIREN (ed.): Impact assessment of the revision of selected provisions of Regulations 883/2004 and 987/2009, Training and Reporting on European Social Security Project DG EMPL/B/4-VC/2012/1110.

European Commission, Portfolio of Overarching Indicators and Streamlined Social Inclusion, Pensions, and Health Portfolio, Brussels, 2006 (6): http: //www.amtliche-sozialberichterstattung.de/pdf/indicators_en.pdf.

Franziska Marie arquard: The Open Method of Coordination: a tool to influence national pension policies? University of Twente, 2013: http: //essay.utwente.nl/63558/1/Bachelor_Thesis_Franziska_Marie_Marquard_s1119109.pdf.

German Government: Federal Republic of Germany - National Strategy Report on Old-Age Pension Provision (NSR), 2002: http: //ec.europa.eu/social/keyDocuments.jsp? policyArea=750&subCategory=752&type=3&country=9&-year=0&advSearchKey=nsr+spsi&mode=advancedSubmit&langId=en.

German Government.: Federal Republic of Germany - National Strategy Report on Old-Age Pension Provision (NSR), 2005: http: //ec.europa.eu/social/keyDocuments.jsp? policyArea=750&subCategory=752&type=3&country=9&-year=0&advSearchKey=nsr+spsi&mode=advancedSubmit&langId=en.

German Government: Germany's National Reform Programme 2008 -2010: Building on Success-Continuing with the Reforms for More Growth and Jobs, 2008: http: //ec.europa.eu/social/BlobServlet? docId=6195&langId=en.

Hughes, Gerard and Jim Stewart (2011), "Pension Reform and the Party Manifestos", PPRG Working Paper No.2: http: //www.tcd.ie/business/assets/pdfs/Pensions-Reform_&__Party_Manifestos [1]. pdf.

Jan Cremers: Coordination of National Social Security in the EU, University of Amsterdam Working Paper, 2010 (3) PP.10-89.

Jason Nickless and Helmut Siedl: Co-ordination of Social Security in the Council of Europe: Short Guide, Council of Europe, January, 2004.

Johanna Avato: Portability of Social Security and Health Care Benefits Italy, the World Bank, 2008 (3).

Jozsef Hajdu, Electronic Exchange of Social Security Information, University of Szeged Hungary, 2012 (4).

Jule Agnew: Australia's Retirement System: Strengths, Weakeness, and Reforms, Center for Retirement Research at Boston College, 2013 (4). pp. 13-15.

Legros, F.: "NDCs-a comparison of the French and German systems", in Robert Holzmann and Edward Palmer (eds), Pension Reform: Issues and Prospects for Non-Financial Defined Contribution (NDC) Schemes, World Bank, Washington, D.C, 2006.

Lisbon European Council: Presidency Conclusion, 23-24, March, 2000: http: //www.europarl.europa.eu/summits/lis1_en.htm.

Lobour Market Megatrends and Social Security, International Social Security Association, Geneva, 2013.

Meghan Benton: Reaping the benefits? Social security coordination for mobile EU citizens [J]. Policy Brief Series, 2014 (3).

Natali, D.: The open method of coordination on pensions: Does it de-politicize pensions policy? *West European Politics*, 2009, 32 (4): 810-828.

OECD, International Migration Outlook, OECD Publishing., 2014 (12): http: //dx.doi.org/10.178/migr_outlook-2014-en.

Ockert Duppe: Coordination of Social Security Scheme The Case of SADC, KFG Working Paper, 2014, 60 (5).

Paul Teague: European Community Labour Market Harmonization. Journal of Public Policy, 1989, 9 (1): 1-33.

Radaelli, C. M. The Open Method of Coordination: A New Governance Architecture for the European Union? [EB/OL]. http: //www.sieps.se/publ/rapporter/bilagor/20031.pdf.2008-03-14.

Regulation (EEC) 1408/71 of Council: http: //eur-lex.europa.eu/legal-content/EN/TXT/PDF/?uri=CELEX: 31971R1408&from=EN.

Regulation (EEC) No.3 of 25 September 1958 and Regulation (EEC), 1958, 4 (12).

Regulation (EC) No.883.2004 of the European Parliament and the Council of 29 April 2004 on the Coordination of Social Security Schemes; Regulation

(EC) No.987/2009 of the European Parliament and of the Council of 16 September 2009 Laying down the Procedure for Implementing Regulation (EC) No.883/2004.

Regulation (EC) No. 883/2004 of The European Parliament and of The Council: http://eur-lex.europa.eu/LexUriServ/LexUriServ.do?uri=OJ:L:2004:166:0001:0123:en:PDF.

Regulation (EEC) No.1408/71 of the Council of 14 June 1971 on the Application of Social Security Schemes to Employed Persons and Their Families Moving within the Community; Council Regulation (EEC) No.574/72 of 21 March 1972 Fixing the Procedure for Implementing Regulation (EEC) No.1408/71.

Retirement Benefits in the Public and Private Sectors A Comparison of Trends, Regulatory Environments, and Related Issues: http://www.tex-astransp-arency.org/Special_Features/Reports/Pension_Obligations/pdf/retirem-ent_be-nefits_in_the_public_and_private_sectors.pdf.

Rob Cornelissen, "50 Years of European Social Security Coordination", p10, available at: http://www.rewi.unijena.de/rewimedia/Downloads/LS_Eichen-hofer/EISS/paper/Cornelissen.pdf.

Robert Holzmann, Johannes Koettl, and Taras Chernetsky, Portability Regimes of Pension and Health Care Benefits for International Migrants: An Analysis of Issues and Good Practices, BP Discussion paper No.0519, The World Bank, 2005.

Robert Holzmann, Johannes Koettl and Chernetscky: Portability Regimes of Pension and Health Care Benefits for International Migrants: An Analysis of Issues and Good Practices, The World Bank Publishing book, 2005.

Robert Holzmann, Johannes Koettl: Portability of Pension, Health, and Other Social Benefits: Facts, Concepts, Issues, Discussion Paper No. 5715, 2011.

Robert Holzmann, Johannes Koettl, Portability of Pension, Health, and other Social Benefits: Facts, Concepts, and Issues, CES ifo Working Paper No. 4002, 2012.

Robert Holzmann, Johannes Koettl: Portability Regimes of Pension and HealthCare Benefits for International Migrants: An Analysis of Issues and

Good Practices, The Global Commission on International Migration, CES IFO Working Paper No.4002, November, 2012.

Sara Riso, Johan Ernest Olivier Secher and Tine Andersen, Labour mobility in the EU: Recent trends and policies, Publications Office of the European Union, Luxembourg, 2014.

Social security facing increased mobility of the global workforce. http: //www.issa.int/-/social-security-facing-increased-mobility-of-the-global-workforce?redirect=http%3A%2F%2Fwww.issa.int%2Fdetails%3Fp_p_id%3D101_INSTANCE_nhKRN9SsfQK0%26p_p_lifecycle%3D0%26p_p_state%3Dnor-mal%26p_p_mode%3Dview%26p_p_col_id%3Dcolumn-2%26p_p_col_count%3D4.

Stefano Giubboni. "Free Movement of Persons and Social Solidarity", European Law Journal, Vol. 13, No.3, 2007. p.361.

Swedish Government: National Strategy Report on the Future of Pension Systems Sweden, 2002: http: //ec.europa.eu/social/keyDocuments.jsp? policyArea=750&subCategory=752&type=3&country=12&year=0&advSearchKey=nsr+spsi&mode=advancedSubmit&langId=en.

Swedish Government: The Swedish National Strategy Report on Adequate and Sustainable Pensions, July 2005: http: //ec.europa.eu/social/keyDocuments.jsp? policyArea=750&subCategory=752&typ.

Swedish Government: Sweden's Strategy Report for Social Protection and Inclusion 2008-2010, 6, Oct. 2008: http: //ec.europa.eu/social/BlobSer-vlet? docId=2567&langId=en.

Taha, N.; Siegmann, K. A.; Messkoub, M., "How portable is social security for migrant workers? A review of the literature", International Social Security Review, Vol.68, No.1. 2015.

Yves Jorens (ed.), Bernhard Spiegel (ed.), Jean-Claude Fillon, Grega Strban: "Key challenges for the social security coordination Regulations in the perspective of 2020", TrESS, Think Tank Report 2013.

World Employment and Social Outlook: Trends 2015, International Labour Office-Geneva: ILO, 2015.

World Social Protection Report 2014/2015: Building Economic Recobery,

Indusive Development and Social Justice, International Labour Office – Geneva: ILO, 2014.

Willem Adema, Pauline Fron, Maxime Ladaique: Is the European Welfare State Really More Expensive? OECD Social Employment and Migration Working Paper No.124, 2011: http: //dx.doi.org/10.1787/5kg2d2d4pbf0 – en.

Working together, working better: A new framework for the open coordination of social protection and inclusion policies in the European Union: http: //eur–lex.europa.eu/legal –content/EN/TXT/PDF/? uri =CELEX: 52005DC0706& from=EN.

索引

G

J

K

L

M

O

P

Q

R

S

T

X

Y

Z

后　记

本书是我在中国社会科学院拉丁美洲研究所从事博士后研究的工作成果之一，在博士后出站报告的基础上修改完成的。在此首先向我的博士后指导老师郑秉文教授以及博士生导师吕旺实教授表示最衷心的感谢！你们是我学术航行道路上的灯塔，照亮了我前进的方向。在求学中，有幸能追随两位名家及其团队从事公共财政和社会保障相关问题研究，是我一生的荣耀。你们深厚的学术造诣、严谨的治学作风、具有开创性的思想潜移默化地教会我如何更好地做学问。

感谢中国博士后科研基金会、全国博士后管理委员会、中国社会科学院博士后管理委员会、经济管理出版社对本书研究在经费和出版上的大力支持！

谨以此书献给我的母亲、丈夫、儿子和其他亲友，他们无怨无悔地付出和不求回报的支持是我前进的原动力。

由于个人能力、时间等因素的限制，本书的纰漏与失误在所难免，今后将持续关注和改进。“心怀感恩，行者无疆。”我知道，脚下的路还很长，我将渐行渐远，且行且珍惜！

王美桃

2016 年 8 月

专家推荐表

第五批《中国社会科学博士后文库》专家推荐表 1			
推荐专家姓名	郑秉文	行政职务	美国研究所所长，研究员
研究专长	社会保障	电　话	
工作单位	中国社会科学院美国研究所	邮　编	100007
推荐成果名称	《欧盟社会养老保险开放性协调机制研究》		
成果作者姓名	王美桃		

（对书稿的学术创新、理论价值、现实意义、政治理论倾向及是否达到出版水平等方面做出全面评价，并指出其缺点和不足）

本书以欧盟社会保障立法协同为时间轴，以“开放性协调机制”在欧盟成员国养老保险领域的应用及实践绩效为研究主题，对完善我国跨区域流动人口养老保险转移接续制度提供了参考和借鉴作用。该文首先以欧盟经济一体化和区域化的不同历史进程为研究视角，深入探析各阶段欧盟社会保障协同立法的政策背景、法律基础、基本原则、养老金待遇核算和发放的具体程序等，揭示欧盟“开放性协调机制”在养老保险领域应用的历史渊源，为该制度在欧盟成员国的推广应用追本溯源。其次，该书按照欧盟成员国劳动力市场放开的先后顺序和养老保险制度变革频次等因素分组，比较分析了各组成员国养老保险转移接续制度的协同问题。另外，该书利用数理统计的方法，量化分析了欧盟主要成员国流动劳动力养老保险待遇的收支情况和制度财务可持续性问题。最后，该文从多种维度提出一系列改进我国社会养老保险关系跨区域转移接续的制度体系，这对推动和深化我国流动劳动力养老保险跨区域转移接续具有重要的借鉴意义。

作为该文作者的博士后导师，我深知其在科研能力和学术水平上的进步，该文就是很好的体现。无论从理论价值还是现实意义来评价，该文都具有很高的研究价值，且其结构安排合理，思路清晰，层次分明，各部分之间联系紧密，观点表述准确，论据具有说服力。所以，我认为该文符合出版要求，同意并推荐其出版。

签字：郑秉文

2016 年 1 月 16 日

说明：该推荐表由具有正高职称的同行专家填写。一旦推荐书稿入选《博士后文库》，推荐专家姓名及推荐意见将印入著作。

第五批《中国社会科学博士后文库》专家推荐表 2

推荐专家姓名	吕旺实	行政职务	外财室主任，研究员
研究专长	外国财政	电　话	
工作单位	财政部财政科学研究所	邮　编	100142
推荐成果名称	《欧盟社会养老保险开放性协调机制研究》		
成果作者姓名	王美桃		

（对书稿的学术创新、理论价值、现实意义、政治理论倾向及是否达到出版水平等方面做出全面评价，并指出其缺点和不足）

本文以欧盟社会保障立法协同为时间轴，以“开放性协调机制”在欧盟成员国养老保险领域的应用及实践绩效为研究主题，为完善我国跨区域流动人口养老保险转移接续制度提供了参考和借鉴作用。该文首先以欧盟经济一体化的不同历史进程为研究视角，深入探析各阶段欧盟社会保障协同立法的政策背景、养老金待遇核算和发放的具体程序等，揭示欧盟“开放性协调机制”在养老保险领域应用的历史渊源，为该制度在欧盟成员国的推广应用追本溯源。其次，该文按照欧盟成员国劳动力市场放开的先后顺序和养老保险制度变革频次等因素分组，比较分析了各组成员国养老保险转移接续制度的协同问题。另外，该文利用数理统计的方法，量化分析了欧盟主要成员国流动劳动力养老保险待遇的收支情况和制度财务可持续性问题。最后，该文从多种维度提出一系列改进我国社会养老保险关系跨区域转移接续的制度体系，这对推动和深化我国流动劳动力养老保险跨区域转移接续具有重要的借鉴意义。

作为该文作者的博士生导师，我深知其在科研能力和学术水平上的能力，该文就是很好的体现。该文结构安排合理，思路清晰，层次分明，各部分之间联系紧密，观点表述准确，论据具有说服力，具有较高的理论价值和现实意义。所以，我认为该文符合出版要求，同意并推荐其出版。

签字：吕旺实

2016 年 1 月 16 日

说明：该推荐表由具有正高职称的同行专家填写。一旦推荐书稿入选《博士后文库》，推荐专家姓名及推荐意见将印入著作。